CLAVES PARA UNA MATERNIDAD ESTOICA

LORENA GARCÍA DÍEZ

CLAVES PARA UNA MATERNIDAD ESTOICA

cómo sobrevivir a la crianza sin perder la cabeza ni el sentido del humor

LIBROS CÚPULA

Para Mario, Gabriela y Jorge por marcarme
el camino a mi mejor versión

A todas las mamás que me han inspirado. Y a mi RED.
Porque en la vida en general y en la maternidad
en particular es importante ir de la mano

Primera edición: febrero de 2024

Diseño de cubierta: Planeta Arte & Diseño

Av. Diagonal, 662-664, 08034 Barcelona (España)
Libros Cúpula es marca registrada por Editorial Planeta, S. A.
www.planetadelibros.com

ISBN: 978-84-480-4059-8
D. L: B. 17.466-2023

Impresor: Gómez Aparicio
Impreso en España – *Printed in Spain*

PEFC
PEFC/14-38-00305
Certificado PEFC
Este libro procede de bosques gestionados de forma sostenible y fuentes controladas
www.pefc.es

Sumario

Introducción

Si me preguntáis si volvería atrás en el tiempo, digo sí. A dos momentos muy concretos: el 12 del 12 de 2018 a las 21:30 horas y el 2 del 2 de 2022 a las 20:43. Son las fechas y horas del nacimiento de mis dos hijos, Mario y Gabriela. Ellos son lo más importante de mi vida, los que han sacado a la luz la versión que más me gusta de mí, la de ser madre. Los que me han descubierto un yo desconocido. Los que me han ayudado a desarrollar capacidades especiales que hasta ahora tenía infrautilizadas (lo que una madre es capaz de hacer con los dedos de los pies, y la habilidad que desarrolla comiendo con la mano izquierda siendo diestra mientras da el pecho, no está escrito).

Ellos me han ayudado a ver la vida de otra manera y a aplicar al día a día un sentido común que hasta ahora no había querido ver. Porque ser madre es tan fácil o difícil como quieras. Porque, a veces, te das cuenta de que la vida es mucho menos complicada de lo que queremos vivirla, y que en la mayoría de las ocasiones es cuestión de actitud. Porque si desde que eres madre no duermes nunca un fin de semana más allá de las siete de la mañana, tienes varias opciones. Entre ellas, lamentarte de lo poco que te dejan dormir tus hijos... o preparar un rico desayuno en familia. Sí, soy de estas últimas. Porque he decidido vivir mi maternidad, y mi vida, siguiendo un tipo de comportamiento que podríamos decir que es bastante cercano a lo que se conoce como «estoicismo». Una corriente filosófica que de alguna manera subyace en esa forma que podemos tener de afrontar las pequeñas o grandes batallas diarias.

Este libro es muy personal. Me dirijo a vosotras con toda la humildad y dispuesta a compartir de forma amena, e incluso divertida, mi día a día como madre. No podemos controlar lo que pasa a nuestro alrededor, pero sí la actitud con la que lo afrontamos. Dando una definición muy reduccionista, eso es el estoicismo. Trayéndolo a casa, dejadme que readapte la idea a un: «Si la vida te da madrugones, prepara tortitas».

¡Bienvenidos! Encantada de abriros un poquito mi corazón, y espero que podamos compartir el viaje más maravilloso que nos tenía reservado la vida.

Capítulo 1

EL CAMINO HACIA LA MATERNIDAD

Prepárate para que la maternidad te sorprenda desde el minuto uno. Pronto te darás cuenta de que nada o casi nada es como habías planeado. En este primer capítulo abordaremos la dificultad (o no) para quedarse embarazada. Y, sobre todo, recalcaremos la importancia de hablar y normalizar que, a veces, las cosas no van como nos gustaría.

Seguro que todas habréis escuchado alguna vez eso de «Fue dicho y hecho: me quedé embarazada a la primera». Y es verdad que hay casos en los que sucede así, seguro. No obstante, entre todo lo que he aprendido desde que soy madre se encuentra el hecho de que no hay dos maternidades iguales, empezando desde el mismísimo origen. Para mí, convertirme en madre por primera vez no fue un camino fácil. Al principio no le dimos importancia, pero cuando fueron pasando los meses, cada vez que me venía la regla y que comprobábamos que un mes más el embarazo no llegaba, el desánimo se apoderaba de nosotros. Os decía en la introducción que el estoicismo es una corriente filosófica que de alguna manera vais a descubrir a través de todo lo que os voy a ir contando de mi forma de entender y vivir la maternidad, pero os aseguro que durante los más de tres años que nos costó quedarme embarazada de Mario no me fue nada sencillo encontrar una reacción estoica a lo que estábamos viviendo.

He querido empezar por aquí porque es evidente que en el relato de la maternidad el origen es el embarazo, y, sobre todo, porque para mí fue la mayor prueba de resistencia mental para evitar quebrarme en el que, hasta ahora, ha sido mi camino como madre.

El final feliz tuvo nombre y ahora mismo es un precioso niño de más de cinco años, pero el proceso fue duro.

Tuve la suerte de contar con el apoyo de mi marido. Eso ya es un primer paso conseguido. Compartimos la pena, el miedo, las inseguridades y por supuesto las alegrías, que fueron llegando, y la gran traca final en forma de positivo en el test de embarazo. Compartimos todas las emociones que nos producía ese desasosiego que llegaba cada mes con la evidencia de que en esa ocasión tampoco habíamos logrado nuestro ansiado objetivo. El mejor consejo que pudieron darme fue: «Ponte en manos de profesionales. Ve al médico, a ver qué te dice». Me lo dijo una amiga, y creo que nunca le estaré lo suficientemente agradecida.

Acudimos con miedo, mucho, el que te da el querer por una parte resolver la incógnita, pero asumiendo al tiempo el riesgo de que nos dieran la noticia que no queríamos escuchar, la de que había un problema real que nos imposibilitaba físicamente ser padres. Agradezco infinito el tacto, el respeto y la normalidad con la que nos trataron todos los profesionales que nos atendieron. Primero en el Hospital Infanta Sofía de San Sebastián de los Reyes, y después en el Hospital La Paz, en Madrid. Fueron semanas, meses, de pruebas y más pruebas con emociones al límite. Llorando mucho, temiendo que llegara una prueba que evidenciara el temor que sentíamos, y al tiempo queriendo encontrar una respuesta a nuestra aparente imposibilidad para ser padres.

Este proceso hubiera sido infinitamente más duro y complejo si no hubiéramos contado con nuestra gente. Amigos de confianza con los que pudimos compartir el proceso. Hay quien opta en todo esto por ocultar lo que está viviendo. Yo tengo que confesaros algo: si no hubiera sido porque intenté normalizar la situación al máximo, creo que en algún momento habría perdido literalmente la estabilidad mental, la cual es necesaria para mantener el ánimo y la moral alta.

Las pruebas se fueron sucediendo sin revelar nada concluyente. Escuchamos muchas veces eso de «Seguro que, en cuanto te relajes, llega. No lo pienses más». Me juré a mí misma que jamás utilizaría esa frase con nadie. No sé si está basada en algún tipo de evidencia científica, pero de verdad que a nosotros no nos hizo ningún bien, porque acrecentaba aún más el sentimiento de culpa. De que algo fallaba y de que nosotros teníamos algo que ver con que el embarazo no se produjera.

Llegó el día en el que en nuestro hospital de referencia nos dijeron que ya no podían hacer nada más por nosotros. Esto tenía algo bueno y algo malo. Lo bueno era que no habían encontrado nada físico que nos impidiera concebir un hijo... Lo malo, que teníamos que volver a empezar en un lugar con un nombre tan feo como Consulta de Reproducción, en el Hospital La Paz.

Aquel fue el primer momento en el que descubrí mi yo estoico en la maternidad.

Me di cuenta de que no podía cambiar el hecho de no quedarme embarazada, aunque sí la actitud con la que debía afrontar todo ese camino. Y allí fuimos, dispuestos a escuchar qué tenían que ofrecernos y las opciones reales para cumplir el que se había convertido en nuestro único gran deseo: ser padres.

Os ahorraré los detalles de la secuencia de los hechos, pero ahí empezó de nuevo una sucesión de pruebas, hormonas, más pruebas, mirar el calendario, ver fechas clave... Hasta que finalmente llegó. La estadística se puso de nuestra parte y, tras someternos a un tratamiento de inseminación artificial, con la máxima alegría que había experimentado hasta ese momento (y el mayor de los miedos también), el dichoso test de embarazo arrojó un positivo que borró de un plumazo el tortuoso camino que habíamos tenido que recorrer hasta llegar allí.

Nunca olvidaré la palabra «enhorabuena» pronunciada por las doctoras y enfermeras que llevaban nuestro tratamiento. Nunca olvidaré las fotos de preciosos bebés con las que tenían decorada la consulta. Fotografías a las que yo me agarraba en cada visita, repitiéndome una y otra vez: «Si con esas mamás se ha obrado el milagro, por qué no con nosotros». Os reconozco que nunca perdí la esperanza, siempre me agarré a que el embarazo llegaría. Y llegó. ¿Conocéis la teoría de la visualización positiva? A mí al menos me sirvió para emprender el camino ascendente, si tuvo algo que ver o no en el resultado final lo dejo a la interpretación personal de cada una.

Ahora que ha pasado el tiempo, reconozco cierto orgullo al pensar en cómo vivimos todo el proceso.

No fue fácil, pero en «La vida es actitud» podría resumirlo todo. Me confieso afortunada, porque sí, me consta que hay padres para los que no resulta tan «fácil» como para nosotros. Porque hay mamás que tienen que pasar por algo tan terrible como un aborto, o dos, o tres. Y cada bebé perdido es una heridita que se te va abriendo en el alma. En nuestro caso la estadística jugó a favor, y formamos parte de ese porcentaje de éxito de la inseminación artificial a la primera. Sin embargo, lo normal es probar una segunda, e incluso una tercera. Y si falla, optar por la fecundación *in vitro*.

Cada paso puede tomarse como un retroceso o como un escalón menos para llegar al objetivo.

Nuestra propia experiencia nos ha ayudado a ser especialmente permeables ante situaciones similares y eso nos ha ayudado a conocer muchas historias de embarazos difíciles, que se llegaron a sentir como prácticamente imposibles.

Durante nuestro proceso hay quien nos llegó a preguntar: «Y si el embarazo es imposible, ¿qué?». Nosotros nunca nos planteamos la opción de adoptar, pero es evidente que hay parejas que llegado el momento sí lo hacen. Tampoco es fácil, ni mucho menos, y supone en algunos casos años y años de espera. También hay que armarse de las mejores herramientas para que la situación no acabe socavando el ánimo de quienes están inmersos en un proceso de adopción.

Conozco a varias personas que han optado por adoptar y me consta que sus caminos también han sido en ocasiones muy muy difíciles. Recuerdo una conversación una mañana tomando un café con un compañero de trabajo. Ambos deseábamos ser padres, con todas nuestras fuerzas. Él y su pareja estaban inmersos en un tortuoso proceso de adopción, acariciando con los dedos su objetivo y a la vez sintiéndolo cada vez más lejos, dependiendo del día y de su situación en la lista de solicitantes. Es una persona a la que tengo mucho cariño; además, creo que esa conversación de alguna manera nos conectó para siempre. Porque mientras me contaba su angustiosa espera, yo me derrumbé al sentirme reflejada en la situación que ellos estaban viviendo. Él lo detectó y, cuando me preguntó, no dudé en contarle con pelos y señales nuestro propio camino hacia la maternidad/paternidad. Él ahora tiene su preciosa familia, con dos niños que les han permitido a él y a su marido cerrar el círculo. Os aseguro que recibir hace escasos días la foto de ellos cuatro sonriendo después de la llegada a casa de la benjamina, me llenó de alegría. A la complejidad de convertirse en padre, en una adopción le tienes que sumar los exigentes requisitos para resultar ser la persona elegida por el sistema. Todo control es poco por el bien de los niños, de acuerdo, pero es un proceso muy complejo y doloroso para los futuros padres. No obstante, como soy una optimista sin remedio, tiro de frase estoica de uno de los grandes, Séneca, quien, por si no lo sabíais, era uno de los líderes del estoicismo.

«Las dificultades fortalecen la mente tal como el trabajo fortalece el cuerpo.»

Cada uno vivimos nuestro propio camino para cumplir nuestro deseo de convertirnos en padre o madre. En alguna ocasión, mirando a mis niños y valorando lo maravillosamente cansada y estresante que es la maternidad, me he preguntado: «¿qué habría hecho si mi marido y yo no nos hubiéramos cruzado en el camino? Si no hubiera encontrado a esa persona con la que tuve claro que quería tener hijos, ¿hubiera valorado ser madre soltera?». Antes de tener pareja, coqueteaba con esa idea, lo confieso. Ahora os digo que, si mi vida hubiera sido otra, si no hubiera tenido pareja y no hubiera decidido dar el paso de no tener hijos, me habría equivocado. Yo hubiera perseguido mi gran deseo de ser madre a toda costa.

Me parece respetabilísimo quien decide que su camino en la vida no pasa por la maternidad. Respeto máximo. Pero a quien quiere ser madre (o padre) de verdad me gustaría decirle que, con todas las posibilidades que hay ahora mismo sobre la mesa, no te niegues a alcanzar tu deseo por miedo a no poder cumplirlo.

Desde estas líneas quiero mandar toda mi energía a aquellas personas que optan precisamente por eso, por formar una familia sin necesidad de tener pareja. Os invito a apoyaros en vuestro entorno: no dudéis en hacerlo. Que tengáis claro el objetivo no os convierte en inmunes a las complicaciones que el proceso en sí os va a presentar, y de verdad que vivirlo acompañados os facilitará mucho las cosas. Conozco a varias mujeres que han optado por ser madres solteras, y otras que no dudarían en hacerlo llegado el momento. Cada una de vosotras vais armada con un pequeño pico invisible y sin daros cuenta estáis derrumbando por completo barreras que un día existieron, límites que afortunadamente cada vez se ven más lejanos, lo que permite que todas estas situaciones se normalicen.

Llegados a este punto, permitidme que vuelva a echar mano de mi manual estoico personal y destaque esta idea:

La tranquilidad que uno adquiere cuando deja de preocuparse por lo que digan los demás.

«¡Cuánto tiempo se gana no preocupándose de lo que los demás dicen, hacen o piensan [...]!»

Esto lo dijo Marco Aurelio. Grabároslo a fuego. Es uno de los consejos estoicos que me repito una y otra vez desde que soy madre. Porque sí, en la maternidad descubriréis la figura del o de la *opinatodo*. Lo iremos destacando a lo largo de los distintos capítulos, porque os encontraréis con quien opinará sobre la ropa que llevan vuestros hijos, si le has puesto o no pendientes a la niña, si le has cortado o no el pelo, sobre tu forma de dar el pecho o el colegio que has elegido para ellos. Pues esos *opinatodo* imagino que también tendrán algo que decir sobre tu decisión de querer ser madre soltera —léase la ironía, por favor— u optar por cualquier otra opción que se salga de lo que se considera «lo establecido». El cuestionamiento, opinión o análisis se elevará a niveles insospechados.

Mirad, en este sentido, los estoicos entrenaban cómo manejar las críticas. Y su conclusión es muy básica: si una crítica no aporta nada constructivo, no le otorgues ni un minuto de tu tiempo ni un mínimo de tu atención. Para ellos lo importante no era tanto el qué o el cómo se decía, si no qué respuesta eran capaces de dar. Entrenaban su comportamiento, su forma de reaccionar.

Una de las reacciones más sencillas es directamente ignorar la crítica. Imagina que quieres ser madre soltera, lo cuentas y te encuentras con comentarios del tipo: «No sabes dónde te metes», «Tú sola no vas a poder con todo», «Ese niño va a necesitar en algún momento la figura de un padre»... Porque, de verdad, el *opinatodo* no tiene límites. Aunque no se hable con la intención de hacer daño, pueden hacerlo —y mucho— con comentarios así.

Nuestros esfuerzos deben dirigirse a trabajar la reacción a esas frases. Desde el pasar absolutamente de dar una respuesta, ignorando el comentario, hasta ensayar contestaciones que, sin ser ofensivas con quien realiza el comentario, dejen muy claro que por ahí no se debe seguir. Así trabajaremos la autoinmunidad a las críticas, lo cual —creedme— va a seros de gran ayuda. Reconozco que cuesta trabajar esas reacciones —yo soy muy visceral y sigo intentando perfeccionar la técnica—, pero aprendiendo la forma de entender la vida y las relaciones personales de los estoicos, una correcta reacción a comentarios así nos hace más libres y totalmente impermeables a las críticas, vengan de donde vengan.

Comenzaba este capítulo hablando de lo diferente que es cada maternidad, desde el mismísimo origen, incluso tratándose de la misma mujer. Si quedarme embarazada de Mario fue un camino sinuoso, de subidas y bajadas, de callejones sin salida, el embarazo de Gabriela, contra todo pronóstico, fue ese dicho y hecho que tantas veces dudé que realmente existiera durante los años de búsqueda de nuestro primer hijo.

Tan inmediato fue quedarme embarazada de Gabriela que —lo confieso— me costó asumir que iba a volver a convertirme en madre. Mi mente había entrenado duro para soportar el «no». Me había convertido en una experta en superar con resiliencia la posibilidad de no poder quedarme embarazada.

La preparación para mi primera maternidad fue un camino tan largo con un final tan deseado que todo terminó siendo alegrías y deseos cumplidos.

El verme de nuevo embarazada me alegró, por supuesto —era un embarazo buscado y deseado—, pero rompió mis esquemas, desencajó las piezas, la pequeña coraza que yo había ido construyendo durante los años de búsqueda de mi primer hijo.

Entonces, me invadió un sentimiento de incoherencia. Con lo que había deseado quedarme embarazada y, ahora que me había resultado tan fácil, me negaba a mí misma el disfrutar sin miedo de mi segunda maternidad. Fueron pasando las semanas y lo fui encajando, me fui permitiendo entender que ese dicho y hecho era posible, que también a mí me había tocado.

En este relato de mi segunda maternidad estoica me quedo con una idea de Marco Aurelio:

«Tienes poder sobre tu mente, pero no sobre los acontecimientos».

Poder sobre nuestra mente: ahí está la clave. La fortaleza mental, el autocontrol, se entrena. Y creedme que mis dos embarazos, tan diferentes, supusieron el mejor test de resistencia mental y emocional. Quiero pensar, por mi experiencia, que la gestación es un proceso físico, aunque también mental. Y que, al tiempo que gestamos a nuestros futuros hijos, va creciendo también en nosotros su futura mamá.

En el embarazo de Gabriela, además de tener que lidiar con todos los temores que trae un embarazo, tuve que sumarle la pandemia de la COVID-19. Posiblemente muchas de las mamás que tengáis ahora mismo el libro en vuestras manos seáis de esas que tuvisteis que soportar una PCR entre contracción y contracción, parir con mascarilla o aislada. Que durante el embarazo temisteis contagiaros, dudasteis si vacunaros y vivisteis la incertidumbre de saber qué pasaría con vuestro bebé en unos meses en los que la vida se volvió del revés.

Pues, amigas, sin saberlo, las que hemos vivido un embarazo y parto en pandemia nos hemos convertido en auténticas expertas en la filosofía estoica. Los estoicos trabajaban el concepto de la «visualización negativa». Durante el embarazo de Gabriela vivía con un miedo casi enfermizo a contagiarme de la COVID-19, por el temor a qué podría hacerle el virus a mi bebé. Y tuve que trabajar duro para que ese miedo no fuera paralizante, porque algo así podría ser muy negativo para mi salud mental. Fue una dura lucha interna para intentar alcanzar el equilibrio, trabajando mi control del miedo, llegando, a veces, a ponerme en lo peor. «¿Qué temo? ¿Contagiarme? Y si ocurre, ¿qué es lo peor que nos podría pasar a mí y a mi bebé?» Estas reflexiones estuvieron una y otra vez dando vueltas por mi cabeza, y me ayudaron a tomar la que creo que fue una decisión correcta: vacunarme contra la COVID-19 estando embarazada, a pesar de la falta de evidencias científicas de si podría tener efectos o no en el feto. Hablé con varios expertos y me dejé aconsejar. Me rebelé por el hecho de que, de alguna manera, se cargara la responsabilidad de la decisión exclusivamente en la madre, con la única arma de la balanza del riesgo/beneficio. Y, hablando con otras mamás (¡qué importancia tiene la comunidad, la RED de madres!), escuché la siguiente historia personal de una compañera, muy estoica, muy de visualización negativa. Ella, embarazada, se negaba a vacunarse por el temor a los efectos de la vacuna en su bebé. Su familia le habló con franqueza: «Si no te vacunas, y de esto sí hay evidencia científica, la COVID-19 te puede afectar más». (Los expertos afirmaban que en determinado momento del embarazo las mujeres éramos especialmente vulnerables.) Además, mi amiga era madre de otro niño. «Si tú enfermas o mueres por no vacunarte —le dijeron sus familiares—, el bebé tendrá pocas posibilidades de salir adelante y nosotros también te perderemos. Te necesitamos con nosotros.»

Aún me emociono recordando la conversación con ella. Me pareció tan acertada, tal baño de realidad.

A veces tienes que ponerte en lo peor para tomar la decisión que a priori *te parece más dura.*

Me vacuné de las dos dosis, embarazadísima, superando mis miedos y abrazando a mi hija, confiando en que había tomado la decisión correcta porque me estaba alejando de la que habría sido la peor situación posible.

Esto a los estoicos les servía para ser especialmente agradecidos: al prepararse para lo peor, todo lo que ocurriera, fuera lo que fuese, les servía para dar las gracias. Siguiendo con la época de la pandemia, ¿os acordáis de lo que contestó una niña al ser preguntada por la incomodidad de llevar mascarilla? «Es mejor eso que morirse.» Pues eso...

Acabé controlando mis miedos y aprendiendo a disfrutar del embarazo de Gabriela. He tenido mucha suerte con ambos, y, obviando los días de náuseas, han sido dos embarazos buenísimos que me han permitido estar superactiva hasta el final y rellena de amor y energía.

Para mí, incluso con sus días de sombras, han sido dieciocho meses de una felicidad plena. ¡Y es verdad eso que se dice de que incluso se llega a echar de menos la tripa!

Capítulo 2

EL NACIMIENTO

Llegó la fecha que llevas nueve meses esperando. Es un momento único, sin duda, y como tal hay que vivirlo. Las inseguridades son necesarias e inevitables —no te creas vulnerable por tenerlas—, pero aquí el estoicismo es importante al cien por cien. Una cosa es la idea que tengas y otra muy distinta lo que la vida tiene elegido para ti a la hora de traer a tus hijos a este mundo. Ante ello, cero frustraciones. No se es mejor o peor madre, ni mejor o peor mujer, por el tipo de parto que tengamos. Cada mujer es única, cada nacimiento también. Vive el tuyo como tal.

Cualquier parecido con lo que sea que hubieras pensado es pura coincidencia. Recordad llevaros este pensamiento en la bolsa para el hospital. Para lo bueno y para lo menos bueno. Mi experiencia de partos es absolutamente maravillosa, vaya por delante, pero es verdad que por mucho que te hayas preparado física o mentalmente, acabarás descubriendo algo nuevo. Mi recomendación es que, antes de decidir dónde y cómo quieres parir, visites hospitales, te informes y valores opciones. Como casi todo desde el momento en el que nos convertimos en madres, los niños son los que acaban «dirigiendo» la situación, pero cuanto más preparada estés, mayor seguridad tengas y, sobre todo, mayor sensación para controlar algo que evidentemente se escapa a nuestro control hayas adquirido, mejor.

Lo de la «fecha posible» de parto está muy bien, pero es eso, posible.

Hay mujeres que son como relojes suizos y se ponen de parto en la semana cuarenta. Otras en la treinta y siete; en el mejor de los casos, en la treinta y nueve. Y otras, si me permitís la broma, tienen que amenazar con hacer llamar a los antidisturbios para «desalojar» a ese pequeñín que parece tener pocas ganas de salir al mundo exterior. Por cierto, no ayuda que haya (siempre lo hay) quien te esté preguntando cada día que cuánto te queda o si el niño tiene intención de quedarse a vivir ahí, pero tampoco ayuda que os lo toméis mal.

¿Os acordáis de nuestros amigos los estoicos? Recomendación estoica: pensad una respuesta simpática y no dejéis que ese tipo de comentarios, que suelen ser bienintencionados, os afecten. «Está el mundo para querer salir.» «A mí también me gustaría estar todo el día tranquilita y protegida por mi mamá.» «Estamos a gusto los dos. Cuando tenga que salir, saldrá.» Ningún bebé se ha quedado a vivir dentro. Si respuestas así las acompañáis de una sincera sonrisa, os aseguro que os podéis anotar un 1-0. Os sentiréis mejor que si dais una respuesta airada y, además, con un poco de suerte neutralizaréis la intención de preguntar una próxima vez.

Esta fue precisamente mi experiencia en el primer

parto. Semana cuarenta y uno y Mario ahí tranquilamente, sin necesidad aparente de querer ver mundo. Llegados a esas fechas, antidisturbios. Y se plantea la posibilidad de la inducción al parto, lo que a mí personalmente no me apetecía nada. No por nada, simple desconocimiento seguramente, pero entendía como mejor opción optar por un parto que se iniciara naturalmente. Ya sabéis, las preferencias de cada una en función de lo que habíamos concebido como parto ideal. Al final no fue necesario porque, *in extremis*, mi pequeño decidió que era el momento. Veinticuatro horas antes de la cita para ingresar y proceder a la inducción, empecé con lo que enseguida comprobé eran síntomas evidentes de parto.

«¿Sabré distinguirlo?» Es la pregunta que más me repetía según se acercaba la fecha de salir de cuentas. Y aun siendo primeriza, sí, te das cuenta enseguida de lo que son contracciones de parto. Cronómetro en mano iba anotando la frecuencia y, cuando llegué a la duración y frecuencia recomendada por mi matrona, me duché, desayuné (nunca sabes cuándo vas a volver a comer) y con un puñadito de emoción y nervios que no olvidaré en la vida nos fuimos para el hospital.

Podría relataros cada segundo de ese día. Del parto de Mario han pasado casi cinco años en el momento en el que estoy escribiendo estas líneas, y —aunque os confieso que tengo que pararme a pensar para ser capaz de recordar lo que comí el pasado viernes— los días del nacimiento de mis hijos los tengo grabados en la memoria con una pasmosa claridad.

«¿Las contracciones duelen?» Otra de las preguntas estrella. Hasta donde yo las sentí, soportables, pero esto es muy personal. El umbral del dolor de cada una es relativo. Yo pedí epidural cuando consideré que iba a sufrir más dolor del que quería soportar. El de Mario fue un parto largo, de buena primeriza. Unas dieciséis horas desde que llegué al hospital hasta que nació, y sin contar con la madrugada que pasé en casa con el inicio de las contracciones. Fue largo, pero muy respetado y muy disfrutado también. Pasamos mucho tiempo solos en el paritorio, mi marido y yo sintiendo a nuestro niño, al que estábamos a punto de conocer, de poner cara, de abrazar, de oler. Esos momentos son absolutamente mágicos, porque son absolutamente únicos e irrepetibles. Porque ese lado animal, salvaje, que se nos despierta durante el parto nos es desconocido con anterioridad; personalmente me sentí cómoda, como en mi mejor papel. Son horas que te enseñan además mucho de ti misma. No hay nada que te importe más allá de que ese pequeño asome la cabeza y todo esté bien. Es una especie de extraña calma porque es literal poner la agenda y la lista de tareas a cero.

No tienes nada mejor que hacer que esperar a que todo vaya fluyendo hasta el nacimiento de tu hijo.

Eso sí, hay fases del parto, en mi experiencia, que son difíciles, hasta desagradables. En dieciséis horas hay momentos de bajón en la montaña rusa de hormonas en la que estamos subidas, pero en todo momento nos agarramos a las fortalezas para tirar de la situación y traer a nuestro bebé al mundo.

Yo me había preparado física y mentalmente para el

parto, y tenía más o menos claros los momentos principales. Sin embargo, por mucho que te hayas preparado, por mucho que te hayan contado, ve concienciada para descubrir y descubrirte. A mí me ayudó mucho el sentirme segura. El estar convencida de que me iban a tratar fenomenal, que los especialistas que me estaban asistiendo eran los mejores y que yo solo tenía que dejarme aconsejar.

Os hablaba antes de los momentos en los que todo pareció complicarse. También los hubo. Hacia las tres de la tarde, en el ecuador aproximadamente, me subió un poquito la fiebre, vomité y se empezó a escuchar con dificultad el latido del bebé. Tuvieron que hacerle una prueba para descartar sufrimiento fetal, ya que, si hubiera sido el caso, hubieran procedido con una cesárea de urgencia. Ese término, «cesárea de urgencia», me hizo entrar un poco en pánico. Recuerdo que Jorge había salido un momento a comer y me puse nerviosa. No obstante, me esforcé por relativizar. Me había preparado durante el embarazo para un parto vaginal, prefería que no fuera cesárea, pero, llegado ese momento, si era la opción necesaria por el bien del bebé, sin rechistar al quirófano. Finalmente se descartó y seguimos con nuestro parto, sin embargo, esa mínima crisis me ayudó a tomar conciencia de lo relativo que es todo, sobre todo si se trata del bienestar de tu hijo.

La fase final del parto de Mario fue un regalo. Un expulsivo relativamente rápido y fácil. Y el momento de sacar a mi hijo —porque me invitaron las doctoras y matronas a cogerlo con mis propias manos y terminar de sacarlo— fue y es inolvidable. Esos segundos a los que, como decía en la introducción de este libro, volvería una y otra vez sin dudarlo. Tener a tu hijo sobre ti por primera vez. Su calor, su olor, un olor único e imborrable...

Es la sensación más mágica que he vivido y que, seguramente, viva nunca.

Es un momento casi místico, de conexión con ese «yo salvaje» y animal. En ese momento nace también la que yo entiendo como la mejor versión de mí misma: mi yo MADRE.

Vamos con el parto de Gabriela. Aparentemente tienes ya la experiencia del primero, y todo apunta a que debería de ser más fácil. Ya os digo que en mi caso, al menos, sentía mucha más confianza y seguridad. Aunque consciente de que había muchas cosas que no tenía la capacidad de controlar, la experiencia y el conocimiento ayudan. Si a Mario hubo que —entiéndase la ironía— lanzarle una amenaza para que se decidiera a salir al mundo, Gabriela venía con prisas. De nuevo en mi caso la fecha probable de parto se quedó en «posible», en este caso por defecto. Semana treinta y nueve. 2 de febrero de 2022, a las 7.30 de la mañana y después de varios días y noches sintiendo contracciones, me di cuenta de que la niña se empezaba a impacientar. Fue físico, pero os aseguro que también emocional, porque sentí que era una fecha preciosa y que ese día no era un día más. Tenía contracciones, pero además mojé el pantalón del pijama. No supe identificar si se debía a la rotura de la bolsa. Con Mario no se me rompió, por lo que aquello era un mundo desconocido para mí. Me duché, avisé a Jorge y a mis padres y nos fuimos al hospital. ¡Falsa alarma! No era bolsa rota, y solo había dilatado dos centímetros y medio. Con un amable «El parto puede ser hoy o mañana, vete mejor a casa» me despacharon. Salí de allí con la misma sensación: mi hija estaba en camino.

Volviendo a casa empecé a tener contracciones bastante regulares, pero decidí que, mientras aguantara, no iría al hospital. Para mantener la mente entretenida —porque esto sí que es de manual: así se aguantan mejor las contracciones—, me dispuse a hacer todo lo que tenía previsto para ese día. Nos acabábamos de mudar y teníamos pendiente rematar un pedido de las barras de las cortinas. Y allí que nos fuimos mis padres, mi marido, mis contracciones y yo a terminar con las tareas pendientes.

Ahora me río, pero en ese momento no era consciente de lo dramáticamente cómico de la situación.

Embarazada prácticamente a término, con contracciones, dándole explicaciones al bueno del dependiente de la tienda de decoración sobre cómo queríamos las barras. Tras solucionarlo, a casa. A comer unas lentejas de mi madre interrumpidas cada cinco o seis minutos exactos por una contracción de parto más que evidente. Me daba un paseo por la casa para aminorar la molestia, y a rematar las lentejas. Asumo que sigue siendo cómico, pero prefería pasar esas contracciones en casa que en el hospital. Esa tarde tenía consulta de monitores, por lo que decidí mandarle la frecuencia de las contracciones a mi ginecóloga, quien con buen criterio me dijo: «No apures mucho más. Estás de parto». Aun así, antes de irme para el hospital quise llevar a Mario a su clase de inglés. Intentar normalizar al máximo la situación de cara a la llegada de su hermanita era una de mis prioridades.

Tres horas después de esto, y ya sí en un ambiente de calma, tenía a la pequeña Gabriela en mis brazos. Un parto rápido, fácil y con menos miedo e inseguridad, mucho más disfrutado precisamente por eso. Y por el entrenamiento mental que llevaba practicando desde tres años antes del parto de Mario. Reconozco que estaba relajada, lo que ayuda. Dejarse aconsejar, acompañar y guiar.

Parí en pandemia. A la pregunta de si las contracciones duelen que lanzábamos antes, os diré que me incomodaba más soportar una PCR mientras aguantaba las contracciones ya con la bolsa rota. Así que le pedí por favor a la auxiliar que esperara entre contracción y contracción para la prueba. Tal cual lo hicimos, yo apoyada en la camilla, aún vestida con la ropa con la que había llegado al hospital, pero consciente de que de allí saldría ya con mi niña en brazos.

Os pido, eso sí, que este relato no os sirva como base ni como ejemplo de nada. Los partos no son paseos. Y aunque fisiológicamente nuestro cuerpo se prepara para ello, hay riesgos, muchos más de los que posiblemente queramos ver y se nos cuenten a las mujeres embarazadas. Seguramente tenéis entre vuestras amigas o conocidas a alguna a la que el parto se le ha complicado o las circunstancias se le han puesto muy críticas y la madre o el bebé han llegado a correr riesgo, o incluso se ha producido la muerte. No es lo habitual, pero puede ocurrir. Por crudo que nos parezca, es importante intentar prepararse para que algo pueda complicarse, y no creernos supermujeres o menos fuertes porque sintamos debilidad durante el proceso. Ya conocéis esa famosa frase de «Todas hemos parido y aquí estamos». Algunas incluso añaden: «¡Y sin epidural! Que ahora cada vez sois más ñoñas». Cuánto daño hacen las comparaciones.

Armaos de herramientas estoicas,
respuestas ingeniosas
y sonrisas.

Aquí no venimos a ver quién tiene el mejor parto o quién es la que más sufre. Eso no nos convierte ni en mejores mujeres ni en mejores madres. Aquí venimos a vivir una de las experiencias de nuestras vidas y a encontrarnos con el amor más puro e incondicional.

No sé si parir es fácil o difícil, si depende de las personas o de las circunstancias. Me quedo con la sensación de que con la mentalidad adecuada podemos conseguir cosas extraordinarias.

Puestas a hablar de filosofía estoica, los estoicos se sometían a curiosas pruebas, muchas de ellas consistentes en una incomodidad buscada. Pues, chicas, nada menos glamuroso, incómodo y si me apuras hasta escatológico que un parto. Es una clase avanzada de estoicismo: superar eso sin pensar en los pelos que llevamos, en la cara que se nos está poniendo o en lo que nos pasa cuando empujamos para traer a nuestros hijos a este mundo convalida el primer curso de filosofía estoica avanzada. Si no nos planteamos esas vergüenzas, es porque tenemos cosas mejores en las que pensar.

RECETA ESTOICA PARA EL PARTO

- Agenda y lista de tareas a cero. No tienes nada mejor que hacer que esperar a que todo fluya hasta el nacimiento de tu bebé.
- Durante un parto hay momentos de bajón en la montaña rusa de hormonas en la que estamos subidas.
- Por crudo que nos parezca, es importante intentar prepararse para que algo pueda complicarse, y no creernos supermujeres.
- Aquí no venimos a ver quién tiene el mejor parto o quién es la que más sufre. Eso no nos convierte ni en mejores mujeres ni en mejores madres.
- Con la mentalidad adecuada podemos conseguir cosas extraordinarias.

¿Estáis preparadas para lo siguiente? Agarraos que vienen curvas llenas de estoicismo. Nada dura para siempre. No perdáis de vista a partir del próximo capítulo el concepto de la transitoriedad.

Capítulo 3

AGÁRRATE QUE VIENEN CURVAS: EL POSPARTO

El posparto es una montaña rusa emocional. Esta etapa de la vida de toda mujer que se convierte en madre tiene la capacidad de hacernos pasar por todas las emociones posibles en un solo día. Prepárate para las inseguridades, para los miedos, para la tristeza aparentemente injustificada. No olvides nunca priorizarte y lo importante que es quererte y pedir que te atiendan y cuiden. Una de las claves del puerperio es rodearse bien de aquellas personas que más te puedan ayudar en estos momentos.

«Una tortillita de papas no le viene mal a nadie.» Esto lo decía mi fisioterapeuta de suelo pélvico. Ella seguramente no sea consciente, pero para mí es una de las frases más inspiradoras de mi primer posparto. A Elena Valiente le debo no solo el tomar conciencia del suelo pélvico, sino también de la importancia de dejarte cuidar y de ser selectiva, y mucho, en el posparto. Creedme si os digo que pasaréis por días en los que no os apetecerá ver a nadie, posiblemente ni vuestro reflejo en el espejo. Porque sí, es parir y te ves guapa, aunque tengas la cara blanca, la barriga de seis meses y cierta zona de vuestro cuerpo más que dolorida. Hay una especie de fortaleza balsámica en esas primeras horas tras el parto, por lo menos según mi experiencia. Sin embargo, es llegar a casa y encontrarse con algunos baches. Por ejemplo, el bebé a lo mejor duerme menos de lo que esperabas, y dudas de si se queda con hambre o si tiene gases. Los puntos, en caso de tenerlos, te empiezan a tirar. Es molesto y desagradable estar sangrando durante semanas... Porque esa es una de las sorpresas que no siempre se cuentan. Nada para aumentar el erotismo posparto como las compresas de recién parida. Tranquila, son solo unas semanas. Concepto de la transitoriedad grabado a fuego. Nada dura para siempre, tampoco la fase más extenuante del posparto. Realmente son unas gotas de agua en medio del maravilloso océano de la maternidad.

Pero sí, vendrán instantes de bajón. Por eso es importante ser selectiva y aprovechar bien los momentos, buenos y malos, durante las primeras semanas tras convertirte en madre.

El posparto también tiene mucho de dolor, físico y emocional; de desconcierto, de miedo, de duda. De enseñanza a marchas forzadas. De cansancio. El posparto no es fácil, y no todas las personas tienen la capacidad de entenderlo. Porque nos han vendido durante años que la mujer tiene que ser fuerte, tiene que estar feliz, tiene que estar entera atendiendo a su bebé, sonriendo a las visitas. Pues no. El posparto también tiene mucho de desagradable.

Mi primera bofetada de realidad fue a las pocas horas de parir, cuando se pasaron los efectos de la anestesia y sentí dolores en partes de mi cuerpo que desconocía que existían. A las pocas horas de subir del paritorio a la habitación empecé a sentir una especie de agujetas o pinchazos; solo recuerdo despertarme de lo incómoda y dolorida que estaba y decirle a mi marido que, por favor, avisara a una enfermera para que me dieran algo que me aliviara.

La espina dorsal de este libro que tenemos entre manos es la filosofía estoica, aplicada en este caso a la maternidad. Sabed que entre las técnicas que los estoicos tenían para poner al límite su mente —y, en esencia, su filosofía— estaba el someterse a retos extremos. Andar descalzos, tomar baños de agua helada, practicar el ayuno... ¡Bienvenidos al posparto!

Se siente dolor, sí, se siente dolor. Miedo, cierta ansiedad, dudas de si sabremos atender bien a ese bebé que es nuestra vida entera resumida en unos tres kilos de peso. Nuestro cuerpo y nuestra mente rozan en muchos momentos el límite, y eso es lo que buscaban los estoicos: llevarse al límite para entrenar su mente en la resolución de determinadas situaciones de la mejor manera posible. De cómo gestionemos mentalmente nuestro posparto dependerá en buena medida nuestra «supervivencia» durante los meses que tenemos por delante.

Por cierto, no olvidéis nunca que el fallo está permitido y que es parte del aprendizaje. A ser mamá se aprende, y vais a ver que en buena medida será sobre la marcha.

En esas primeras semanas después del nacimiento de vuestro bebé tenéis que ser muy selectivas. El bebé es vuestra prioridad, sin duda, pero sin descuidaros. Porque ese recién nacido necesita a su madre fuerte física y mentalmente. Vuelvo aquí a la tortilla de patata de mi querida Elena Valiente. Las visitas que contribuyan a alimentar a los recién estrenados padres, a echarles una mano, a apoyarles en lo que sea, física o emocionalmente, adelante. Abstenerse los que vengan a opinar, a tocar al bebé, a juzgar tu cuerpo posparto, tu manera de dar el pecho o tus habilidades cogiendo a la criatura.

Las mujeres recién paridas estamos extrasensibles y vulnerables y no hay necesidad de que nadie venga a contarnos cómo harían ellos una cosa o la otra.

Aquí soy muy radical: los límites los marcamos nosotras. Si no nos apetecen visitas, o si son visitas que no aportan, ya habrá tiempo de recibirlas en el futuro. Habrá días en los que no te apetezca quitarte el pijama, ni el moño, y eso es algo que nosotras mismas nos tenemos que permitir y «enseñar» a respetar a los demás.

Una de mis máximas es que la vida es cuestión de actitud, de cómo afrontamos las situaciones que tenemos por delante. Esto es filosofía estoica pura. Pero os diré que en el posparto también hay días de oscuridad en los que cuesta encontrar la actitud. Porque hay noches sin dormir, mañanas sin tiempo para una ducha, ni siquiera fría (la especialidad de los estoicos), desayunos con un bebé pegado a la teta o sin querer moverse de tus brazos, tardes eternas moviendo un carrito por el pasillo de casa a ritmo de llanto inconsolable.

Sin perder de vista mi máxima, ¿qué puedo deciros?

Pues que existen muchas cosas en la vida

que se escapan a nuestro control, y algunas veces eso que se escapa es incluso nuestra actitud.

La maternidad, por supervivencia, me ha enseñado a ser menos controladora, menos esquemática, menos cuadriculada. Y soltar ese lastre me ayuda en los momentos de debilidad a reencontrarme con la actitud. Es una especie de círculo virtuoso. A veces hay que caer, llorar y asumir que hay batallas que no siempre se pueden ganar para volver a rearmarse.

Hay que bajar los decibelios de la exigencia, propia y ajena. Trabajar la empatía y ponerle racionalidad a la emoción desbordada. Esto no lo digo yo, sino que es estoicismo de manual. Os propongo un juego: «¿Qué haría Marco Aurelio si...?». Marco Aurelio es uno de los estoicos más reconocidos. Uno de los más importantes de la época romana. Tuvo que lidiar con situaciones muy muy críticas durante su gobierno como emperador de Roma. Su forma de entender y vivir según la filosofía estoica quedó reflejada en *Meditaciones*, una especie de diario en el que iba narrando su día a día viviendo de acuerdo con la filosofía que amaba y respetaba.

Intentemos juntas ver qué respuesta estoica daría uno de los hombres más importantes de esta corriente filosófica a circunstancias con las que, fácilmente, podemos encontrarnos durante el posparto.

¿QUÉ HARÍA MARCO AURELIO SI...?

1. Me agobian las visitas, pero no sé cómo decir que no. Y cada visita que llega me agobia más. No me gusta que despierten al niño cuando está dormido, ni que juzguen mi forma de cogerle o atenderle. Acabo enfadándome y siendo desagradable con las personas que han venido a vernos. Y luego me siento peor por ese comportamiento y me pongo a llorar de forma desconsolada.

Marco Aurelio habría sido sincero consigo mismo y con los demás, y habría sido práctico. Si no nos apetecen las visitas en ese momento, digámoslo. La agenda es nuestra, y más en el posparto. Muchas veces se olvida que la madre necesita tantas o más atenciones que el recién nacido. Lo primero, sinceridad. Recordad que los estoicos se centran más en su reacción a determinadas situaciones que en las situaciones en sí mismas. Por tanto, si no nos apetecen las visitas, hagamos uso de la sinceridad y la diplomacia. Es importante que la situación siempre la controlemos nosotras.

Si llegado el momento se produce la visita y nos incomodan los «consejos» que recibimos, las formas que tienen de tocar al bebé o de juzgarnos, Marco Aurelio hubiera dado una respuesta educada y cordial, aunque tajante, tipo: «Agradezco vuestros comentarios, pero yo soy la madre de este niño y estoy segura de que va a agradecer que, lo haga como lo haga, me esfuerce lo mejor que sé y con todo el amor del mundo». ¡ZAS! Controlad el tono, que sea cordial y nada severo, y esbozad una sonrisa para relajar la posible tensión. Después puedes probar a realizar un acercamiento con aquello que te incomoda. Para ti servirá de entrenamiento estoico y ayudará a que la reunión siga fluyendo. Por ejemplo, permitir a la visita que coja al bebé o contar alguna anécdota divertida o curiosa de las últimas horas con el pequeño.

(Esto es muy habitual: preparaos.) Tenemos consulta con la pediatra. Vamos mal de hora, porque cuando una tiene un recién nacido en casa el tiempo se escapa y no sabemos por dónde. El niño está dormido: toda la noche en vela y va y se duerme cuando tenemos que salir. Al cogerlo de la cuna nos damos cuenta de que se ha hecho caca. Y no una caca cualquiera. No. Una de esas cacas de bebé que manchan pañal, bodi, leotardos, jersey, pantalones y hasta abrigo en caso de llevarlo puesto. DRAMA.

¿Cuál sería la primera reacción que os viene a la mente? «No puede ser, qué mala suerte. ¿Y ahora qué hago? Ya no llego.» Enfado, agobio, tristeza. Podemos incluso acabar llorando.

¿Qué haría Marco Aurelio?

Los estoicos están entrenados para los contratiempos.

Mentalmente han trabajado cuál debe ser su reacción al hecho de que las cosas no salgan como las tenían programadas, o que en esa sucesión de acontecimientos pase algo que trastoque los planes. ¿Nuestra forma de reaccionar puede cambiar las cosas? Estrictamente no, pero sí puede cambiar nuestra eficacia a la hora de responder a ese contratiempo. Si en vez de gritar, enfadarnos, tirar el agua, mancharnos con la caca, ponernos nerviosos y poner nervioso al bebé, reaccionamos con serenidad porque asumimos que los contratiempos existen y que no es cuestión de buena o mala suerte, tenemos todo ganado. Porque los contratiempos están y ocurren, y la clave es responder con calma e incluso reformulándolos. Los estoicos, a veces, se tomaban los contratiempos con humor y les daban una perspectiva cómica a los hechos. Hagámoslo así en la escena de la «gran cagada» (con perdón). Mientras cambias a tu hijo a toda velocidad piensa en cómo se lo vas a contar a tus amigas, exagerando incluso la escena. Antes de que te des cuenta ya habrás terminado de cambiar a tu peque y saldrás de casa con una sonrisa en vez de blasfemando. Todo es cuestión de perspectiva.

2. Me siento insegura. ¿Y si el niño no duerme por mi culpa? (¡Ay, la culpa en la maternidad!) ¿Y si al meterlo en la cama con nosotros le hemos malacostumbrado? A lo mejor es demasiado dependiente de mi teta. ¿Y si tiene hambre porque mi leche no le alimenta? Me han dicho... He leído... Me ha contado mi amiga que...

¿Os suena todo esto? Todas hemos pasado por ello, por las inseguridades en la maternidad, por las dudas y por esa sensación de culpabilidad si el niño llora, si no coge el peso deseable o si le cuesta coger el sueño. Porque siempre hay alguien «inspirado» a nuestro alrededor que, sin tener ni mejor ni mayor conocimiento que tú del mundo del bebé, se cree con la autoridad suficiente para cuestionar tu forma de criar. ¿Qué habría dicho Marco Aurelio? Os respondo con una frase suya:

«Nunca deja de sorprenderme: nos amamos a nosotros mismos más que a los demás, pero nos importa más su opinión que la nuestra».

¡Bravo! Así de directo. ¿Qué habría hecho Marco Aurelio ante las opiniones dispares y las críticas a nuestra forma de cuidar a nuestro bebé? Obviarlas. Ser selectivo, quedarse con las que realmente creyera que le podrían ser útiles y, con el resto, fingir que escuchaba para desecharlas automáticamente sin que le hicieran ni siquiera cosquillas.

3. Me levanto agotada. Hemos pasado una noche horrible. El niño ha estado todo el tiempo llorando. Imposible calmarlo. ¡Qué desesperación! Ahora se ha dormido, a ver si aguanta; mientras, voy a intentar tomarme un café. Huele bien, café recién hecho, un minuto de calma. Y, de repente, el niño vuelve a llorar a gritos. No puedo más. No tengo ni un minuto para mí. Adiós café, adiós, ducha reconfortante. Esto es agotador.

Agotador es, sin duda. Hay entre tres y cuatro semanas después del nacimiento del bebé que son duras, así, sin anestesia, pero ¿sabéis lo que nos diría Marco Aurelio? Que todo pasa... Que nada dura para siempre. Principio de la transitoriedad.

Cuanto más leo a los estoicos, más me doy cuenta de esa practicidad que le aplican a la vida.

Y, efectivamente, si ponemos a nuestra razón a funcionar nos dirá que tranquilos, que nada dura para siempre y que en unas semanas, o como mucho en unos meses, todos nos conoceremos un poco mejor. Nuestro bebé estará más adaptado a su nueva vida fuera de la tripa de su mamá y nosotros nos iremos también habituando a esta nueva situación. Cálmate y relativiza el caos actual porque en breve será pasado.

¿Estás preparada para el siguiente desafío? Nunca subestimes las habilidades de una madre: ve pensando en tus superpoderes.

CAPÍTULO 4

LOS DESAFÍOS ESTOICOS DE LA MATERNIDAD: DESCUBRE TUS SUPERPODERES

Que nunca falte el humor. Y en este capítulo vamos a echar en varias ocasiones mano de la ironía para relatar, en primera persona, las cosas que siendo madre puedes hacer sin ser consciente previamente de que contabas con ese don. Desde abrir y cerrar cajones con el pie hasta comer con la mano izquierda mientras das el pecho o te sacas leche. Desde ir al baño con un niño enganchado a tu pierna hasta ducharte a la velocidad de la luz mientras tu bebé berrea en la cuna, aporrea la puerta o intenta abrir la mampara. ¿Has descubierto ya cuáles son tus superpoderes como mamá?

Como ya he comentado, la parte más práctica de la filosofía estoica consistía en someterse a llamativos retos o desafíos con los que los estoicos buscaban entrenar su mente, ponerla al límite para trabajar su respuesta a la adversidad. Se exponían a una incomodidad voluntaria para mejorar.

No os preocupéis, no os voy a proponer aquí someteros a este tipo de retos, sino más bien pasar un buen rato haciéndoos caer en la cuenta de todas las veces que, sin ser conscientes, habéis entrenado vuestra mente en la maternidad según las prácticas del estoicismo. Los estoicos eran capaces de someterse a retos que les hacían pasar mucha vergüenza, como pasear desnudos para estar preparados ante cualquier situación vergonzante o ridícula que les tuviera preparada la vida. Pues para situaciones ridículas algunas con las que nos ha tocado y tocará lidiar en la maternidad.

No sabes las habilidades ocultas que tienes hasta que te conviertes en madre.

Sí, soy de ese tipo de personas que es capaz de comer con la mano izquierda, siendo diestra, mientras le da el pecho a su hija y cierra un cajón con el pie. De hecho, me apetece mucho escribir este capítulo por todo lo que me estoy riendo recordando anécdotas. Espero que la risa sea contagiosa y podamos reírnos juntas.

Empezamos fuerte, porque el entrenamiento es bastante abrupto: al menos, la primera prueba llega pronto. Si habéis sido madres o tenéis una cerquita, sabréis de qué os hablo si os digo que buena parte del pudor que tuvierais se queda a la puerta del paritorio. Yo, que era de las que no se sentía cómoda cambiándose delante de desconocidas en el gimnasio, acabé normalizando que mi parto se convirtiera en una especie de museo por el que pasaron, uno tras otro, profesionales sanitarios en prácticas de diferente rango para «explorar a esa primeriza». «¡Qué de pelo!» fue la frase más repetida. No por mí, aclaro, sino por mi santo hijo en camino, que nació con un pelazo negro que aún hoy sigue siendo la envidia de todos, el primero de su padre, a quien le pedí por favor que él también se asomara por ahí abajo, temiendo ya que hubiéramos concebido al mismísimo eslabón perdido. La verdad es que no era para tanto, y mi recién parido Mario fue un bebé precioso de abundante cabellera, sí, pero sin más vello en el cuerpo que llamara la atención. Sin embargo, bebé pelón no era y, al menos en ese hospital —una unidad de maternidad muy conocida—, lo habitual debían de ser los bebés sin pelo. Normalicé hasta tal punto ese «pasen y vean» que reconozco que, a partir de ese momento, algo cambió: aprendí a vivir con menos dramatismo las situaciones aparentemente más vergonzantes.

Por no hablar de lo escatológico que puede resultar el parto y lo mucho que obviamos o normalizamos esa parte. Bien hecho, por cierto. Porque sí, a la hora de empujar como si no hubiera un mañana para que nuestro vástago asome la cabeza, hay otros orificios que acaban accionándose... ¿Trauma alguno? Para nada. Si los estoicos se paseaban por la antigua Grecia y la antigua Roma como su madre los trajo al mundo, pues ahí está la parturienta dándolo todo y preparándose sin darse cuenta para vivir el pudor desde ese momento de forma mucho más cómoda.

Ser madre nos obliga muchas veces a hacer todo tipo de malabares para encajar la agenda del día.

Trabajo, casa, niños, extraescolares, entrenamiento, vida en pareja, vida social... Los malabares son literales cuando te ves obligada a hacer varias cosas a la vez sin que tus manos y tus pies se multipliquen. Y esa es otra de nuestras habilidades ocultas: la de aprender a sacar el máximo rendimiento a esos diez deditos de nuestras extremidades inferiores.

Algunas de mis situaciones más al límite las he vivido dando el pecho. Después de más de cuatro años ininterrumpidos dando el pecho, reconozco que me he convertido en toda una experta. Dar el pecho de pie, sentada con la niña de pie buscando tu pezón. En un barco, en un avión. Sentada en cualquier sitio, incluso en el suelo... ¿Y qué me decís de dar el pecho mientras os secáis el pelo? Para llegar a este nivel, el retoño tiene que andar ya solito. Y os cuento un secreto para ahorraros un ratito de gimnasio: da el pecho haciendo sentadillas. El reflejo en el espejo es impagable. Por supuesto, esto no lo hago porque quiera aprovechar el tiempo al máximo. Como bien sabéis las que sois madres, llega un momento en el que si el niño te sigue, te acosa, te llora, te ruega por un poco de tetita..., pues, mira, a última hora de la tarde un ratito de malabares y todos contentos.

Ser madre me ha enseñado a sacarle partido a los dedos de los pies.

Para coger cucharas que han salido volando porque el bebé ha decidido que ya no quiere más puré. Para cerrar un cajón de la cocina que la criatura se ha empeñado en abrir una y otra vez. Y, claro está, para retirar con suavidad las sábanas cuando intentas escapar de la cama con el niño ya dormido. Mi último logro ha sido la pesca de juguetes lanzados al fondo de la piscina.

Olvidaos de ir al baño en soledad y tranquilidad. De hecho, esta actividad pasa automáticamente a la lista de placeres confesables. No fantaseéis con encerraros mediante el pestillo. Se amotinarán en la puerta, patalearán, llorarán hasta que lo de ir al baño en soledad ceda posiciones y optéis por ir al baño en compañía, aunque sin gritos.

Todo esto nos lleva al límite, pero añádele algo más difícil todavía: cuando el berrinche de turno para demandar tu atención, o para demandar el pecho o lo que quiera que sea que tu precioso hijo esté reclamando, es en público. Pataleta en el parque, en un restaurante, en un avión...

Viajar con niños merece —y tiene— un capítulo aparte en este libro, sin embargo, aquí me quiero detener en la vergüenza. ¿Qué me decís de ese momento del avión despegando y tu hija de catorce meses llorando sin parar de forma incontrolable y haciendo temer lo peor al resto del pasaje? Ese bochorno hay que pasarlo, incluyendo las miradas reprobatorias de los pasajeros de la fila de delante. Aquí, estoicismo máximo. Intentar aplacar la situación sin perder los nervios y sonriendo, gestionando la solución, pero como si no fuera con nosotras. Y concentradas en una nota mental: principio de transitoriedad. Todo pasa.

Es inevitable vivir con nuestros pequeños algún momento de esos de «tierra, trágame». Los niños, sobre todo a las edades más tempranas, carecen de filtro alguno. Para ellos no hay secretos, por lo que contarán con pelos y señales todo lo que pase en casa. Desde el destino de vuestras próximas vacaciones hasta el contenido de vuestra nevera o la planificación semanal de comidas. Si hay secretos del tipo «Ampliamos familia, pero no queremos contarlo todavía», no se lo digáis al hermano mayor o él se encargará con esmero de promulgar la noticia con un dulce: «Mamá tiene un bebé en la tripa».

A veces veo a mis hijos como esa voz de la conciencia que resuena en nuestro interior, aunque no se atreve a pronunciar en público lo que piensa. Ese momento en el que comentas con tu pareja que no te gusta nada la comida que te acaban de servir en el restaurante, lo decepcionante que te está resultando el servicio o lo poco adecuado de la decoración, y tu hijo, sin filtro alguno y con toda la naturalidad del mundo, se lo acaba contando al camarero.

La maternidad es así: siempre tienes que intentar estar preparada para salir al quite de situaciones embarazosas en las que, sin maldad alguna y con toda la inocencia del mundo, te acaban metiendo tus hijos.

En cuanto al sueño (o la necesidad de él) algunos padres tenemos un auténtico máster. Ríete tú de la costumbre de los estoicos de dormir en el suelo, sin ningún tipo de colchón o manta para apreciar con un agradecimiento supremo el privilegio de tener cada noche una cama para dormir. Una semana con mi primer hijo le hubiera regalado yo a Séneca. Fue un auténtico gurú en su época, y a día de hoy posiblemente sería un *best seller* en libros de autoayuda. Pero entre dormir en el suelo y no dormir, elijo lo primero.

Entre esas habilidades secretas de la maternidad está el ser capaces de «sobrevivir» sin apenas dormir durante varias noches.

Lo de enganchar un mínimo de tres horas de tirón es una auténtica utopía. Os aseguro que, si en los primeros meses de mi hijo Mario me hubieran ofrecido elegir entre una noche con el niño o una noche durmiendo sobre una losa de piedra, a lo estoico, no lo hubiera dudado: losa de piedra.

Si sois padres, seguramente os suene el tener que salir de madrugada a dar vueltas con el coche. ¿Qué tendrá que funciona como el mejor somnífero? Y, si no, a pasear por la calle con el carrito o a dar vueltas por el pasillo con el niño en brazos, interpretando todo tipo de nanas, siseos y lo que haga falta. Todo para dejarlo en la cuna profundamente dormido y que se active en el bebé una especie de sensor oculto que detecta el cambio de temperatura, presión, altura o lo que sea... y nos devuelva a la casilla de salida.

Dejadme que os confiese una cosa: durante meses, después de que naciera mi primer hijo, odié profundamente al creador o creadora de la expresión «dormir como un bebé». Es evidente que quien difundió ese dicho no tenía hijos ni aspiraba a ello, porque que me explique a mí qué quería decir con eso. Seguramente hay algún niño que duerma bien, pero que levante la mano el padre que no haya pasado más de dos noches en vela preguntándose qué es eso de «dormir como un bebé», viendo a tu hijo berrear cada dos o tres horas con pasmosa puntualidad.

Otro ejemplo de un superpoder estoico desconocido antes de la maternidad es el de la ducha. La filosofía estoica promueve tomar duchas de agua fría para apreciar lo reconfortante de una ducha con agua caliente cuando la recibimos. Ya sabréis que, siendo madres, lo de ducharse, a veces, entra también en el capítulo de lujos. O al menos ducharse en algo más de un minuto sin alguien llorando a la puerta del cuarto de baño. Para mí, el peinado más cómodo en mis dos pospartos fue el moño que bauticé tal cual, «moño de posparto», porque era el que me permitía ir peinada más o menos de forma decente, aunque no pudiera llevar el pelo todo lo limpio que me gustaría, porque lo de ducharse y lavarse el pelo era algunos días misión, literalmente, imposible.

Ante este tipo de situaciones complicadas, los estoicos intentaban poner su toque de humor. Os invito a probarlo. Esa desdramatización de las situaciones nos puede ayudar mucho en la maternidad. Ayuda y mucho, de verdad, porque le restaréis tensión al momento de forma automática y os ayudará a gestionarlo mejor. Nuestro objetivo como madre es vivir el presente sin desgastarnos. Los estoicos eran expertos en no quemar etapas: evitaban el preocuparse o agobiarse por algo que estaba por venir. Sigamos su ejemplo en nuestro día a día como padres.

Os invito ahora a escribir aquí cuál es vuestra lista de habilidades ocultas que os ha enseñado la maternidad:

MIS HABILIDADES OCULTAS:

Capítulo 5

SI LA VIDA TE DA MADRUGONES, HAZ TORTITAS

En este capítulo trabajaremos el cómo darle la vuelta a la tortilla a situaciones concretas del día a día para que no se conviertan en un drama familiar. Recuerda que tienes mucha más paciencia de la que pensabas y que es mucho más práctico y productivo sacar provecho de situaciones, aparentemente, frustrantes. No puedes evitar que tus hijos te saquen de la cama un domingo a las siete de la mañana, pero sí puedes trabajar la respuesta. ¿Enfadarte? ¿Exigirles que vuelvan a la cama? No merece la pena librar batallas que están perdidas desde el inicio. Aprovecha ese tiempo en familia para un desayuno especial.

El título de este capítulo para mí resume perfectamente lo que es el estoicismo aplicado a mi forma de entender la maternidad. Los estoicos tenían una regla básica que consiste, como hemos ido apuntando ya en capítulos anteriores, en aprender a gestionar nuestra reacción a todo lo que *a priori* se escapa de nuestro control. Epícteto, uno de los estoicos más reconocidos, lo resumía en la idea de que lo importante no es lo que te sucede, sino cómo reaccionas a ello.

«Cuando algo ocurre, lo único que está en nuestro poder es nuestra actitud hacia ese suceso.»[1]

Pues exactamente eso es lo que vamos a trabajar en este capítulo. Como padres, hay cosas que se escaparán a nuestro control. Es imposible controlarlo todo, pues hay elementos que directamente no está en nuestra mano ni siquiera pretender controlar. Lo primero, por ir al grano con el título, no está en nuestra mano controlar que nuestros hijos duerman bien. El día que asumamos esto nos quitaremos un gran peso de encima y un sentimiento de culpa, casi constante, que va unido de forma bastante dañina, a veces, a la maternidad. Hay niños que duermen mal, que no cogen bien el sueño, y no es culpa del colchón de la cuna que has comprado con todo el cariño haciendo un pormenorizado estudio de mercado. No es culpa de que lo cojas más o menos en brazos, de tu forma de dar el pecho o de que a veces, o casi siempre, acabes metiendo al niño en tu cama. Eso se llama supervivencia: si dormir junto a tu bebé te permite arañar unas horas más de sueño, bienvenido sea. ¿Os acordáis de los *opinatodo*? Preparaos, porque aquí tendréis que oír eso de «Lo has malacostumbrado. A ver ahora quién lo saca de la cama». Respuesta estoica que les desactivará en segundos: «No te preocupes, no conozco a ningún chaval de quince años que duerma con sus padres. Ya nos queda menos». Si le sumas un guiño de ojo, ya os digo yo que a la persona en cuestión no se le ocurre volver con el comentario.

En el momento en el que tengamos asumido

1. *El arte de vivir*, p. 28 (Editorial Norma, 1995).

que hay situaciones que son para nosotros totalmente incontrolables, entraremos en una senda correcta.

Entendido, por ejemplo, que no siempre podemos controlar que nuestros hijos duerman bien, lo que nos queda es trabajar nuestra respuesta a la realidad. Y la realidad es que, si tus hijos no son de dormir mucho, no vas a pasar buenas noches en una temporada. O quizá sí, porque todo va mejorando y es verdad que llega un momento en el que los peques se adaptan y van marcando sus horarios de sueño... o quizá no, porque entonces tendrán unos horarios que pasen, por ejemplo, por exigentes madrugones. Y aquí llegan las tortitas.

En casa hemos pasado por todas las fases. La del agotamiento, la del enfado, la de la negación y la de la resignación. Por trabajo, tanto mi marido como yo madrugamos mucho, y nuestra gran esperanza cada fin de semana siempre es dormir un poco más. Pero, desde que tenemos hijos, dormir un sábado o un domingo más allá de las siete y cuarto de la mañana es casi un milagro.

¿Adónde nos lleva el enfado? A empezar con mal pie el fin de semana. Desde luego, es importante evitar siempre descargar el enfado con el niño, quien no tiene la culpa de despertarse temprano: simplemente, ya ha dormido lo suficiente. Y lamentarnos y refunfuñar sin parar mientras nos tomamos el primer café de la mañana no es racionalmente el camino más adecuado, porque el malestar nos llevará a más enfado. No es práctico.

¿Adónde nos lleva la negación? A estar frustrados.

¿Qué conseguimos obligando al niño a seguir durmiendo cuando la realidad es que ya no quiere dormir más? Así solo estaremos alargando la agonía, intentando dormitar mientras él se queja y demanda aún más nuestra atención.

¿Y la resignación? Tampoco es un estado deseable. Nos convierte en esclavos de una sensación de apatía.

El tiempo que tenemos de vida es demasiado valioso para malgastar un sábado o domingo con actitud derrotista y creyéndonos unos perdedores por no tener la posibilidad de levantarnos un poco más tarde.

Respuesta estoica: asumir que el hecho de que nuestro hijo tenga esos horarios de sueño escapa a nuestro control: que se levante temprano es debido a que se acuesta también pronto, y después de ocho o nueve horas en la cama tiene ganas de pasar tiempo con sus papás. Pero lo que sí podemos controlar es nuestra reacción. Esto hay que entrenarlo, sin embargo, ya os digo que resulta mucho más satisfactorio aceptar las circunstancias y ofrecer una respuesta que garantice el bienestar de toda la familia. Y ahí está el planazo. Si la vida te da madrugones, prepara tortitas para desayunar.

Tenéis que probarlo. De verdad os digo que el cambio de despertarse malhumorado a hacerlo asumiendo que el madrugón va a venir, queramos o no, y que se digiere mucho mejor haciendo tortitas en familia es abismal.

Los estoicos analizaban cada día cuáles habían sido sus

reacciones a situaciones que se escapaban a su control, importándoles mucho más el cómo reaccionaban que lo que realmente estaba ocurriendo. Para los estoicos, esa es la verdadera libertad. Vuelvo a citar a Epícteto:

«La felicidad y la libertad comienzan con la clara comprensión de un principio: algunas cosas se encuentran bajo nuestro control y otras no. Solo cuando enfrentamos esta regla fundamental y aprendemos a distinguir entre lo que podemos controlar y lo que escapa a nuestro control, es posible la serenidad interior y la eficacia externa».

Tened esto presente: cuanto más valoramos lo que escapa a nuestro control, menos control tenemos.

No hace falta que os diga que esta forma que aplicamos en casa de entender los madrugones nos ha convertido en auténticos expertos en hacer tortitas y también en disfrutar de tempranos desayunos en familia. Esto me lleva a abordar uno de los mayores regalos que podemos hacerles a nuestros hijos: el tiempo que pasamos con ellos.

El círculo virtuoso es el siguiente. La «afición» de nuestro hijo Mario por los madrugones los días festivos o el fin de semana nos ha permitido concebir la crianza de forma estoica, aprendiendo a disfrutar en familia de los desayunos con tortitas, elaboración incluida. Pero no solo eso. Hacer y desayunar tortitas es mucho más.

Para su cuarto cumpleaños le preguntamos a Mario

qué regalo quería. Tendemos a pensar que los niños son materialistas, que les importan los juguetes más que otra cosa, abrir regalos... Pues mi hijo nos sorprendió con un «Quiero que hagamos tortitas y desayunemos juntos», una frase que se resumía en un «Quiero pasar tiempo con vosotros». Os confieso que en ese momento me sentí extremadamente orgullosa. Por suerte tenemos horarios que nos permiten estar mucho tiempo con los niños, pero es verdad que los desayunos solo podemos compartirlos los días que no trabajamos. Que nuestro hijo, a sus escasos cuatro años, hubiera aprendido a valorar esos momentos de desayuno en familia nos lo apuntamos como un auténtico logro conseguido.

Esa ya es una huella que hemos dejado en nuestros niños, y es una huella positiva. Los desayunos en familia alimentan mucho más que el estómago. Una huella muy distinta de la que hubiéramos dejado en ellos si en vez de tortitas hubiéramos optado por desayunar un café amargo lleno de malas palabras.

La secuencia de las tortitas es muy simbólica, pero hay muchos más ejemplos de cómo intentar seguir la regla de oro estoica en nuestra maternidad. El obsesionarnos con querer llevar la razón e imponer nuestro criterio puede convertirse en un callejón sin salida. Y eso nos lleva al final a una frustración constante que no es buena para nosotros como padres, que supone un ejemplo bastante nefasto para los niños y que tensiona mucho la relación familiar.

Vamos a analizar ahora las diferentes salidas que podemos tomar ante distintas situaciones cotidianas y cuál sería el camino ideal siguiendo el estoicismo.

Seguro que alguna vez os ha pasado algo similar: el

intentar enfrentar los planes que tú tienes a los que tiene tu hijo. No sé qué pensaréis vosotras, pero yo os aseguro que no concibo la maternidad como una especie de *ring* en el que perder o ganar batallas. Os pongo en situación: un día fui a buscar a Mario al cole y me preguntó cuál era el plan de la tarde. Nosotros en casa solemos contarles a los niños cuáles son los planes de cada día (si los tenemos); nos gusta que ya estén preparados y que de alguna manera también sean partícipes de la rutina familiar. Tened en cuenta que hacer a los niños corresponsables de las tareas de la casa o de las dinámicas familiares fomenta mucho su autonomía y, en nuestro caso, también la complicidad con nosotros.

Pues bien, ante la pregunta de Mario le recuerdo que hoy toca hacer la compra y que nos vamos al supermercado. Mi plan era comprar e ir después un ratito al parque. A pesar de habérselo adelantado el día anterior y de insistirle en que comprar era lo prioritario de la tarde, él insistía en que quería ir ya al parque. En ese momento hice una rápida reflexión: ¿de qué me servía empeñarme en llevar la razón y pelear para ir al supermercado antes que al parque? ¿Cambiaba de verdad algo si íbamos antes al parque, dejábamos que los niños jugasen un rato y después ya nos centrábamos en la compra? Respuesta mental rápida: era iniciar una batalla totalmente innecesaria. Desgastarme yo y desgastar la relación con el niño por algo que, en realidad, no tenía importancia. Me pareció en ese momento mucho más inteligente «ceder» a la propuesta de Mario —estar un rato en el parque— gestionar ese tiempo de juego e irnos a comprar después. Algo que me ha enseñado la maternidad es que con los niños trae mejores resultados «negociar» que «imponer», o al menos hacerles ver a ellos que estás negociando, aunque el objetivo último de alguna manera sea siempre cumplir las tareas u obligaciones que nos habíamos fijado.

Leyendo a los estoicos te das cuenta de que ellos seguían una forma de vida muy práctica: intentaban no sufrir o pasar malos ratos por algo que tuviera fácil solución.

En la educación tiene que estar muy claro el principio de autoridad, desde luego, pero hay mejores formas de conseguirlo que la imposición. La gestión requiere esfuerzo, entrenamiento y paciencia, no obstante, de verdad que merece la pena.

Otra de las herramientas que funcionan muy bien con los pequeños en casa es perseguir el objetivo deseado a través del juego. A las que seáis mamás posiblemente ya os haya tocado vivir esa etapa en la que, por lo que sea, a los niños les apetece menos ducharse o directamente huyen corriendo del cuarto de baño en el momento en el que les recuerdas que llega la hora de ponerse a remojo. Una especie de negativa al agua: el ratito de ducha que en otros momentos relacionaban con la diversión pasa a ser algo que les resulta agotador y una pérdida de tiempo. Por supuesto, en casa no estamos dispuestos a ceder a ese «capricho» de elegir cuándo les apetece ducharse y cuándo no, no obstante, ¿de qué me sirve el enfado o la imposición? Mi objetivo es que los niños se duchen diariamente, de acuerdo, pero ¿quiero que se duchen obligados, llorando y pasando todos un mal rato? Sinceramente, no. Entonces, ¿qué alternativa buscamos en casa para conseguir el objetivo de la ducha diaria? Venderlo como un juego. Yo lo llamo «la envoltura en celofán».

Ante el «no» de Mario a ducharse, le solemos proponer un baño, y si queremos convertir el plan en uno completamente irrenunciable, le ofrecemos baño con bombas de sales que en algunos casos tienen incluso un muñequito dentro. A esto no hay quien se niegue. Niño feliz en la hora del baño y papás felices porque conseguimos el objetivo con desgaste cero y sin tensionar la relación familiar. Para que el plan además tenga moraleja didáctica, es interesante aprovechar el momento de secar y cambiar al niño para hacerle ver lo bien que le sienta el agua y lo positivo de asearse en condiciones cada día.

Evidentemente no siempre nos será posible lidiar con este tipo de situaciones cotidianas sin alterarnos o sin evitar el enfado de una de las partes, pero con el tiempo podemos aprender a manejar determinadas herramientas que nos faciliten la resolución de esos conflictos diarios sin necesidad de perder los nervios.

A veces me imagino a los estoicos con una balanza, calibrando lo que importa de verdad y lo que realmente merece minutos de nuestro tiempo, de nuestro esfuerzo. Lo que merece un enfado... Si sacáis esa balanza a la hora del desayuno, a la hora de hacer las tareas o a la hora del baño, seguramente os daréis cuenta de que no son cosas que merezcan realmente un enfado, una mala respuesta por nuestra parte o un sofocón del niño. Concentremos mejor nuestros esfuerzos en encontrar la respuesta que bien merezca ser reseñada al final del día en esa especie de examen estoico en el que ponemos nota a nuestras reacciones.

Capítulo 6

NO HAGAS PLANES, TUS HIJOS (O LA VIDA) LOS HARÁN POR TI

Permitidme la broma: partamos de la base de que convertirse en madre es convertirse ya en una sufridora vitalicia. Sufro porque el niño no duerme, porque no come, porque no le salen los dientes, porque no se gira como sus compis en la escuela infantil. Porque no habla con claridad, porque no es el más sociable de la clase, porque no le gusta el fútbol, porque se sale al pintar, porque no muestra interés por aprender un idioma... Y así hasta que nuestro hijo tenga sus propios hijos; entonces las preocupaciones se multiplicarán. Pues bien, en este capítulo vamos a intentar aprender a no sufrir o a sufrir menos. Los estoicos también tenían sus reglas para todo esto. ¡Vamos allá!

Si tuviera que definirme, destacaría entre mis características el ser una persona muy controladora. Perfeccionista hasta el extremo. Obsesiva del orden, de las listas de cosas pendientes... Si sois de las mías y tenéis hijos, supongo que estáis trabajando ya en la reprogramación. Estos son atributos que, controlados, podríamos definir como «virtudes» para muchos aspectos de la vida, pero que no siempre ayudan en la maternidad, o que directamente actúan en nuestra contra si queremos evitar sufrir un colapso mental durante la crianza.

El objetivo de este capítulo, como os avanzaba, es aprender a no sufrir por adelantado, a no preocuparse (de más) por el futuro.

Por cómo soy, a mí me cuesta bastante aplicar esta lección estoica, pero os aseguro que según he ido aprendiendo a ser menos controladora en la maternidad, he sido más feliz. He aprendido a disfrutar de esos momentos de caos, dejando a un lado el «Se pueden hacer daño», «Se van a manchar», «Van a acabar agotados»..., sustituyéndolos por la máxima de una gran amiga mía y una de mis gurús en esto de la maternidad: «La cantidad de arena que traen en los zapatos es directamente proporcional a lo bien que se lo han pasado». (¡Gracias, Alicia!) Y así en todo.

Es muy fácil empeorar cualquier situación poniéndonos catastrofistas.

El miedo, literalmente, es paralizante, y podemos arruinar un bonito día de diversión por situarnos en el drama y sufrir por adelantado.

Es verdad que los niños están rodeados de peligros, pero encerrarlos en una jaula de oro no los va a librar de riesgos. Os contaré la especie de fobia que tenía yo a los parques. Era incapaz de ver, siendo Mario aún un bebote de apenas un año, el potencial de diversión que para un niño supone un tobogán, un columpio, o un balancín. En mi mente de madre controladora solo había peligros: riesgo de caerse, de hacerse daño, de golpearse, de que algún niño mayor que él o con más destreza le arrollara... y, por supuesto, riesgo de contagiarse vete tú a saber de qué por tocar plásticos y barandillas en los que otros niños han dejado todo lo que llevaran en sus manitas. Ahora me río al dramatizarlo, pero nuestras primeras experiencias en el parque terminaban con lo que casi era una ducha de gel hidroalcohólico con un constante «Mario, cuidado» que hubiera desquiciado a cualquiera.

Afortunadamente de todo se sale, y no hay nada que un hijo no cambie. Ahora, mi parte más controladora y tremendista se queda en casa cuando vamos al parque: no veáis lo que he aprendido a disfrutar viendo a mi hijo feliz. ¿Que se puede caer del tobogán? Desde luego, y de la silla en casa al quedarse dormido después de la cena, y no por eso le impido cenar sentado.

Sufrir por adelantado no es bueno para nuestra salud mental, pero encima tampoco es bueno transmitirles ese temor constante a los niños, porque podemos condicionar su desarrollo.

Como confesión, os diré que una de mis espinitas clavadas es el haberle transmitido esos temores a mi hijo mayor, convirtiéndolo durante un tiempo en un niño miedoso y receloso. Como madre, la lección la tengo ya aprendida. De hecho, su hermana con un año se tiraba del tobogán ajena a las preocupaciones que en otro momento una hazaña así generaba en su madre.

En ese evitar sufrir por adelantado que nos invitan a entrenar los estoicos y que tan práctico puede llegar a ser como madre tienes un aliado. El concepto estoico definido como *«amor fati»*, que podría traducirse como la capacidad para «amar el destino». Básicamente, es el llegar a adquirir la capacidad de aceptar lo que nos tenga deparado la vida. ¿Resignación? Los estoicos trabajaban más la idea de la «aceptación», para evitar un sufrimiento mayor. La negación de lo que ocurre no nos va a ayudar a mejorar las cosas: al contrario. En cambio, entrenarnos para asumir que habrá contratiempos y buscar la mejor forma de seguir adelante sí se entiende como una respuesta estoica a la vida. Y de contratiempos en la maternidad sabemos un rato.

A continuación, vamos a ver algunas circunstancias concretas en las que poner en práctica el *amor fati* y, muy unido a ello, entrenar nuestras reacciones para no sufrir por adelantado. A modo de reflexión antes de plantear los supuestos os dejo una idea de Séneca: «La verdadera felicidad consiste en el disfrute del presente, sin las ansiedades de la dependencia del futuro».

«Es feliz el que está contento con las circunstancias presentes, sean las que quieran, y es amigo de lo que tiene; es feliz aquel para quien la razón es quien da valor a todas las cosas de su vida.»[1]

1. Del libro de Séneca *Sobre la felicidad*, capítulo 6, «Placer y felicidad», p. 9.

Elección de colegio/escuela infantil

Lo que *a priori* debería vivirse como una nueva etapa, un feliz comienzo, un símbolo de evolución y crecimiento de lo que más queremos en nuestra vida, que son nuestros hijos..., acaba siendo un drama. Porque, claro, los padres queremos lo mejor para nuestros hijos, y partiendo de la base de que NADIE los va a cuidar, proteger, vigilar, atender, enseñar (léase la ironía) como nosotros, cualquier opción nos parece insuficiente.

No recuerdo mayor ansiedad que la vivida a la hora de elegir escuela infantil para mi hijo mayor (bueno, sí: la que nos supuso elegir colegio después).

Visitas y más visitas, consulta de opiniones. Ver si tenía buena luz. Cómo se elaboraba la comida. La atención que les prestaban a los niños. Los peligros que pudiera haber en las instalaciones. En ese momento todavía no había empezado a reprogramarme, por lo que para mí todo suponía un riesgo constante. Sentía un miedo irracional a que a Mario le pasara cualquier desgracia, por rocambolesca que pudiera parecer la idea, y, por supuesto, todos esos potenciales peligros tenían que estar fuera del centro que eligiera para que mi querido bebé pasara unas siete horas al día. Y luego estaba el tema de las profesoras: ¿sabrían cuidar convenientemente a mi hijo? Porque, claro, recordad que NADIE conoce a vuestro hijo como vosotras y que es único, ni come ni duerme ni caga (con perdón) como los demás (modo ironía *on*, de nuevo).

Afortunadamente superé los miedos. Dejé de sufrir por adelantado, confié en el buen hacer de las personas que son profesionales en el cuidado de menores y elegimos escuela. Toda la ansiedad que me produjo elegir centro y dejar a Mario (no soy ni la primera ni la última que lloró al dejar a su pequeño en brazos extraños) desapareció con Gabriela. ¡Lo que se aprende siendo madre! ¿Y sabéis quién nos lo enseña todo? Nuestros hijos. Porque ver a Mario feliz durante el tiempo que estuvo en la escuela infantil fue la mejor respuesta a mis miedos, dudas, inseguridades y culpas. Ahora, con Gabriela, sin tener que pasar el trance de elegir un lugar de confianza, dejo a la niña con total tranquilidad y sin sufrimientos. ¿Que puede ocurrir un accidente en la escuela? Sí. Los niños se caen, se golpean, se pelean, se contagian con todo tipo de virus, se muerden... Pero no podemos pasarnos la vida sufriendo por lo que pueda ocurrir en algún momento, porque quizá simplemente no llegue a suceder nunca. Así que tranquilidad, con toda la felicidad que esta aporta.

No creáis que la buena experiencia con la escuela infantil me bastó para superar lo que llegué a definir como «dependencia al sufrimiento futuro», no. La elección de colegio me dejó también de recuerdo algunas cuantas noches sin dormir.

Ahora lo veo en perspectiva y me doy cuenta de todo lo que he aprendido, y eso es lo positivo. Sé que mi planteamiento inicial fue erróneo, porque buscaba un colegio que evitara los que yo creía eran peligros para mi hijo. Todo es mucho más sencillo de lo que queremos verlo. Intentar anticipar cómo reaccionará el centro a supuestas situaciones extremas no nos lleva a nada. Decidí ser práctica en la elección y optar por el colegio que, estando entre mis tres favoritos de la lista que me había trabajado durante meses, se encontraba más cerca de casa, para evitarle grandes desplazamientos al niño y para garantizar que tuviera a sus amiguitos cerca. De momento, estoy muy satisfecha con la elección y Mario es feliz.

Piojos en clase. La COVID-19 y otras enfermedades contagiosas

Cada vez que recuerdo la escena me río de mí misma. Ese momento en el que recibes un correo electrónico de la tutora del cole anunciando que hay un caso de pediculosis en el aula. En cristiano, piojos. Y a ti te empieza a picar hasta el alma y solo quieres tener ya la cabeza de tu hijo entre las manos para examinar cada pelo, fumigarle con el mejor de los brebajes posible y evitar que ni uno solo de esos bichos indeseables llegue a su cabello. Mi reacción, obviamente, no fue nada estoica. Entré en pánico, llamé a una de mis amigas —que en mi agenda ocupa el rol de asesora de maternidad experta en antipiojos— para preguntarle por el mejor producto preventivo y me fui directa a la farmacia. Imaginaos cuando llegó el niño a casa. Tuvo que soportar la pobre criatura que su madre le preguntara aproximadamente unas sesenta veces si le picaba la cabeza. Para mi tranquilidad, ni una liendre encontramos. ¿Qué aprendí de aquello? Que entrar en pánico no ayuda. Que los piojos son algo que ocurren, que nadie está libre de cogerlos. Y que, como está ya todo inventado, si alguno de mis hijos los cogiera, cero dramas: a buscar la solución inmediata, la cual ni siquiera requiere cortar por lo sano la caballera o rociarnos en vinagre, como sí pasaba antes (que, claro, ni nada ni nadie con un mínimo de olfato osaba acercarse).

Por supuesto, el caso de los piojos es la punta del iceberg, porque ya sabéis que los virus tienen en las clases de nuestros hijos su particular parque de atracciones. Con la llegada de la COVID-19, todos hicimos, desde luego, un curso avanzado en resiliencia y en respuestas estoicas. ¿Recordáis el concepto *amor fati*? Pues básicamente es eso. La COVID-19, la gripe, la escarlatina, el virus boca-mano-pie, y un largo etcétera, son algunas de las sorpresas que nos depara nuestro camino de la maternidad.

No sirve de nada empezar el curso angustiados por esos virus que, a lo mejor, acaban contagiando a nuestros hijos (o a lo mejor no).

Sentido común: asumamos que es algo que puede pasar y centrémonos en dar la mejor respuesta posible en caso de contagio. Pero agobiarse de forma preventiva de verdad que es una pérdida de tiempo de manual.

Olvídate de los «Yo nunca»

Este capítulo se llama: «No hagas planes, tus hijos (o la vida) los harán por ti». Correcto, y cuanto antes lo asumamos, menos sufrimiento padeceremos después, como todo en el estoicismo. Mi yo cuadriculado, la que os contaba al principio del capítulo que llevaba una agenda cerrada, la escrupulosa del orden y la limpieza extrema, se tiene que marchar de vacaciones de vez en cuando para dejarme ser del todo feliz. Ya hemos contado algunas de las situaciones en las que la vida nos sorprende, independientemente de los planes que nosotros tengamos. Para marzo de 2020 yo tenía un montón de planes. Varios viajes, comidas previstas, fiestas de cumpleaños. Todo quedó en *stand by*: la vida rehízo los planes por nosotros. Pues en la maternidad, además de la vida, nuestros hijos también recalculan la ruta cual GPS por nosotros. Vamos a revisar un listado de los «Yo nunca...» que mi marido y yo tuvimos que dejar atrás.

- **«Yo nunca meteré a mi hijo en la cama.»** Hasta que al niño no hay quien le duerma una y otra noche. Y una más. Y le dejas en la cuna y berrea sin parar. Y descubres que, como por arte de magia, cuando le dejas en tu cama se queda dormido, y no se despierta con tanta frecuencia. Y ves que es mucho más fácil dormir algún rato más tumbada en tu cama, aunque sea con la teta fuera, que paseando por el pasillo con el peque en brazos, moviendo el carrito sin parar o haciendo contorsionismo tirada en el suelo junto a la cuna.

- **«Yo nunca daré la teta en lugares públicos.»** Hasta que estés en el aeropuerto después de un par de horas de facturación, controles de pasajeros, paseos hasta la puerta de embarque y aún quede media hora para coger un vuelo, y tu bebé no pare de llorar y de querer sacarte una teta por donde sea.
- **«Yo nunca me pasaré la tarde en el parque.»** Sí, soy yo. Pero ya habéis visto que de todo se sale. Ahora disfruto de esas tardes de columpios porque sé lo mucho que les gusta a los niños y soy consciente del bien que les hace.
- **«Yo nunca me meteré en una piscina infantil.»** Sí, vuelvo a ser yo. Ya sabéis esa especie de sopa de pises —y vete tú a saber qué más— que se recalienta en las piscinas infantiles de espacios públicos, de hoteles o de muchos otros lugares. Todo un reto estoico para alguien como yo, que ve gérmenes, bacterias y patógenos peligrosos en cualquier rincón. Escrupulosa hasta el extremo. Pues no veáis lo bien que me lo he pasado jugando con los peques, obviando el caldo en el que estaba sumergida y concentrando mis energías en su felicidad.

La lista puede ser interminable. Os invito a hacer vuestro propio recuento de «Yo nunca», y sentiros satisfechas. Superarlos es soltar lastre y aprender a ser más libres y felices.

MIS «YO NUNCA»:

Capítulo 7

VIAJAR CON NIÑOS

Viajar con niños no es fácil. Ni mejor ni peor: asume simplemente que será diferente. Si no queréis morir en el intento, tendréis que readaptar los planes e intentar no ser demasiado ambiciosos en vuestras expectativas. Tirando de estoicismo, ponerse en lo peor ayuda, así siempre tendremos margen de mejora.

Comienzo a escribir este capítulo desde República Dominicana. Estamos en un autobús de camino a isla Saona. (Si no conocéis este paraíso, tenéis que encajarlo en vuestros planes futuros.) Venir hasta aquí con un niño de cuatro años y una bebé de uno... ¿es una locura? Puede, pero bendita locura y, siguiendo los principios estoicos, bienvenidos sean los retos.

Mi marido Jorge y yo hemos viajado siempre mucho. Somos de esas personas que piensan que el dinero y el tiempo mejor invertidos son descubriendo mundo. No estaba dispuesta a renunciar a eso por ser madre. Viajar con dos niños no es fácil, tiene poco que ver con lo que era viajar antes de convertirnos en una feliz familia de cuatro. No es ni mejor ni peor, es simplemente diferente. Lo primero que os diré es que dejéis a un lado vuestras expectativas y vuestros recuerdos de cómo era viajar antes de ser padres. Para que el viaje sea un éxito y no ponga en peligro vuestras intenciones futuras de viajar, tenéis que adaptar el proyecto a vuestros hijos. Me costó algún disgusto —ahora sé que innecesario y totalmente evitable—, pero aquí estamos pensando ya en el siguiente destino, con lo que algo hicimos bien. El salto de viajar con un niño a viajar con dos va en la misma proporción de pasar de tener un niño a tener dos, sin embargo, sigue mereciendo la pena, así que, por favor, evitad que os paralice el miedo.

En nuestro primer gran viaje siendo cuatro a República Dominicana, había algo que me preocupaba especialmente: el vuelo. Mario ha volado desde los nueve meses a destinos varios y está familiarizado con los aviones, pero era el vuelo más largo al que se iba a enfrentar, con ocho horas y cuarto. Para Gabriela, por otra parte, era su segundo vuelo y, siendo tan bebé —un año y dos meses en el momento del viaje—, su reacción sería totalmente imprevisible.

Me lo tomé como un entrenamiento estoico, situándome mentalmente en el peor de los escenarios. Quedaos con este truco, porque así la realidad, sin duda, será mejor de lo esperado. ¿Cómo reaccionaría mi mente —y yo con ella— ante situaciones límites? Que los niños no se durmieran, que lloraran sin parar, que entraran en fase de ser inconsolables, que los pasajeros de nuestro alrededor comenzaran a quejarse... Reconozco que, en líneas generales, mis hijos no suelen tener rabietas, pero los niños te pueden sorprender, para bien o para mal, en las situaciones más inoportunas.

Como me preparé mentalmente para lo peor, evidentemente las cosas no salieron tan mal.

Fui relajándome según avanzaba el vuelo, siendo consciente de que era yo quien mandaba en la situación, lo que me garantizaba cierta sensación de control sobre lo, aparentemente, incontrolable. Hubo momentos de todo, evidentemente: en ocho horas los niños tienen tiempo de cansarse, aburrirse, gritar de más, hablar de más, enfadarse. Pero mi entrenamiento me llevó a poder adelantarme a esos posibles contratiempos.

Ante el **aburrimiento**, arsenal de entretenimiento. Una maleta de mano destinada exclusivamente a llevar eso que previamente les pedí que eligieran para que, llegado el momento, les sirviera de distracción a bordo.

Ante el **cansancio**, la conversación y la preparación previa con ellos. A mí me funciona muy bien hablar con ellos. Prepararlos para los viajes y para lo que van a ver, sentir o experimentar. Mario sabía lo que le esperaba de vacaciones porque le contamos de antemano cómo era el hotel, cómo es República Dominicana, las playas maravillosas que iba a conocer, los desayunos fabulosos que iba a tener cada mañana y la multitud de juegos diarios de los que iba a poder disfrutar. Sin embargo, para llegar ahí había que pasar ocho horas a bordo de un avión. A la hora de la pregunta obligada en vuelo, «¿Cuándo llegamos?», mi respuesta era convincente: «Mi amor, ya lo hemos hablado. El vuelo es largo, pero va a merecer la pena. Solo debes tener un poco de paciencia y aprovechar jugando con lo que te has traído, ver una peli del entretenimiento a bordo o comer algo».

Para Gabriela, el truco ideal en mi caso era la teta, e intentar mantenerme y mantenerla lo más calmada posible. Es evidente que los peques se contagian de nuestros nervios, con lo que en todo momento intenté transmitirle calma, diversión y tranquilidad. ¿Que le apetecía un paseo por el avión? Lo hacíamos. A veces es tan sencillo como cambiar momentáneamente de postura o de ubicación para que se distraigan y pasen del enfado o llanto inconsolable a la risa. Los bebés son así. Llegamos al destino sin contratiempos, la estancia allí fue maravillosa y el vuelo de vuelta aún mejor que el de ida (volamos de noche y prácticamente durmieron todo el viaje).

Nuestro siguiente vuelo tras República Dominicana fue Lanzarote. Nos resultó un paseo al lado de las más de ocho horas rumbo a Punta Cana. En la actualidad, todo ese entrenamiento ya ha entrado a formar parte de nuestras herramientas de gestión del posible caos en situaciones límite. Ahora coger un avión no lleva el estrés añadido de la incertidumbre con nuestros hijos. Hemos dado con la clave, controlamos nuestra reacción ante el posible caos a bordo y eso nos permite viajar con un equipaje mental mucho más ligero.

Os decía al principio que comencé a escribir estas líneas en el autobús destino a isla Saona, en República Dominicana. Ahora, pasados los meses, sonreímos con cierto orgullo de no echarnos para atrás y no dudar en disfrutar los cuatro juntos de la aventura. Traslado en autobús hasta la playa. Lancha motora hasta el catamarán y viaje en catamarán hasta la isla. Comer allí, sin saber muy bien cuál era el menú, y vuelta al hotel desandando el camino. *A priori*, si te pones exquisito, son todo complicaciones con dos niños, especialmente con una bebé de un año.

Poco a poco, a través de estas líneas, me vais conociendo. Ya os he adelantado que soy de esas personas que necesita tenerlo todo organizado —horarios, las comidas de los niños, su ropa...— y que me estresa el caos. Pues en aquel viaje me relajé y me concentré en superar mis propios fantasmas y disfrutar. Y salió redondo. Creo que no lo pensamos lo suficiente: simplemente lo asumimos como un auténtico reto, que logramos superar.

El sufrimiento por adelantado no ayuda. Si hubiéramos analizado la situación y valorado todos los posibles riesgos, no solo no hubiéramos hecho la excursión a isla Saona, es que no habríamos viajado a Punta Cana. ¿Había riesgos? ¿Posibilidades de que salieran muchas cosas mal? Que los niños se pusieran malos, que les picara un insecto extraño, que tuviéramos un susto en alguna de las excursiones... Las probabilidades de que nos encontráramos con contratiempos eran altas. Pero ¿nos hubiera ayudado en algo sufrir por adelantado? Ya hemos aprendido que no.

Una cosa es prepararse para las posibles situaciones límites, y otra cosa ponerse tremendista y sufrir de más por situaciones que pueden ocurrir, o no...

No dejéis que el miedo a imprevistos os paralice, especialmente cuando ese miedo paralizante os aleja de experiencias maravillosas que quedan grabadas para siempre en vuestra memoria. En vez de eso, entrenaros para superar los posibles contratiempos y adelante con los planes.

Es verdad que, a pesar de su corta edad, tanto Mario como Gabriela están bastante acostumbrados al movimiento. Hemos estado en muchos hoteles y restaurantes, y no evitamos planes que, aparentemente, podrían resultar áridos para los niños. Mario ha estado en el Kremlin, en el Museo del Louvre, varias veces en el Museo del Prado. En los palacios reales de Madrid, El Escorial y La Granja. Y podría seguir. Evidentemente con ellos readaptamos las visitas, pero no las evitamos. Si a nosotros nos gusta el arte, no vamos a renunciar a ello por ser padres. Y, además, creemos que disfrutar en familia de lo que nos gusta es un extra que, encima, nos permite contagiar a nuestros hijos de lo que nos entusiasma.

En ese prepararnos para los viajes con niños a mí me funciona muy bien el concepto estoico de la visualización negativa, que además nos ayuda a ser más agradecidos con lo vivido. Si nos ponemos en lo peor antes de un viaje, nunca faltaremos a la verdad al afirmar que nos lo hemos pasado mejor de lo esperado; es más, estaremos automáticamente llenando de optimismo, buen rollo y buen recuerdo la experiencia concreta.

Os haré una confesión: me agotan las personas que siempre ponen lo negativo por delante. «Demasiado largo el viaje.» «Mucho calor.» «Asientos incomodísimos.» «Muy mala la comida.» Sin duda, nada es cien por cien perfecto, pero está en nuestra mano elegir si quedarnos con la anécdota negativa que nos empañe el recuerdo o hacer un cómputo global positivo. Y casi siempre, a la hora de poner las experiencias en la balanza, suele pesar más lo bueno. Quedémonos con esa sensación.

Decía Séneca que lo ya anticipado llega como un golpe más ligero. Esa es la visualización negativa de la que os hablo, que se complementa con una posición optimista ante las circunstancias. Es pensar «Podría haber sido peor» y, automáticamente, tu percepción de los hechos cambia. En los viajes, esta herramienta es maravillosa. Pensad, por ejemplo, en el mal rollo que nos produce un retraso del avión, el tren o el transporte concreto que vayamos a coger. Reconocedme que es, sin duda, mucho peor que nuestro viaje acabe siendo cancelado. Ahí lo tenéis: en ese momento veis muy claro que el retraso es el menor de los impedimentos.

Me gusta pensar —llamadme utópica— que los viajes son pequeños rodajes que componen la gran carrera de fondo que es la vida. Este año, al volver de las vacaciones de verano, tras pasar unos días en la isla de Lanzarote, reflexionaba sobre el tiempo compartido los cuatro juntos durante el viaje. Y lo que más valoro es eso: el disfrute de lo compartido en familia. Recorrer juntos un paraje tan impresionante como el Timanfaya, sorprendernos juntos mientras le explicamos a Mario lo que es, en realidad, un lugar tan mágico como los Jameos del Agua o la Cueva de los Verdes. O darnos un chapuzón en la maravillosa playa de Papagayo. Una mañana nada más levantarnos Mario me preguntó: «Mamá, ¿dónde vamos a ir hoy de excursión?». Me emocionó muchísimo que mi niño de cuatro años estuviera disfrutando como lo estábamos haciendo nosotros del tiempo compartido juntos descubriendo. Lo normal es pensar que los niños quieren planes fáciles, cómodos. Diversión sin grandes esfuerzos. Bueno, pues todo es cuestión de a lo que les vayamos acostumbrando y educando. Evidentemente, con niños hay que adaptar los planes y los horarios.

Olvidaos de jornadas maratonianas: ellos necesitan sus tiempos, sus descansos y sus momentos de esparcimiento.

Si intentamos que los niños se adapten a nuestro ritmo de viaje previo a la maternidad, en vez de adaptar nuestros planes a ellos, nos acabamos estrellando con la frustración más absoluta. Con los niños hay que hablar, hay que compartir, hay que hacerlos partícipes de los planes. Eso, automáticamente, nos permite tenerlos de nuestro lado porque se sienten parte de la ecuación. No se ven arrastrados a hacer algo que desconocen. Llegan ya informados y convencidos de que el plan previsto les va a gustar porque está pensado para disfrutarlo juntos.

En ese adaptar los viajes a nuestros hijos es muy importante optar por alojamientos que tengan ese equilibrio perfecto entre lo que buscamos los padres y lo que desean los niños. Y los niños quieren alojamientos donde haya parques, piscinas infantiles y lugares en que puedan bailar, correr y saltar sin tener miradas inquisitorias recriminándoles su conducta constantemente por ser niños. Porque, aunque a estas alturas todavía parezca que a algunos les cuesta entenderlo, los niños ríen, saltan, corren, se ensucian. Yo trabajo con ellos a diario la educación, el respeto y las normas básicas de convivencia, pero no he parido muebles.

Tengo dos hijos con su energía, sus ansias por descubrir el mundo y su necesidad de divertirse.

No me gusta que mis hijos resulten una molestia para quienes están a su alrededor, no obstante, el descubrimiento y conocimiento de los niños empieza en la diversión y el juego. Los viajes en familia son un momento fantástico para experimentar todo esto juntos.

El ser una optimista patológica me hace volver a casa siempre con la maleta llena de buenos momentos, experiencias positivas y ganas renovadas de iniciar una nueva aventura. Sin embargo, no nos engañemos: también hemos tenido momentos de frustración. Y esto ocurre cuando no terminas de ser consciente de cuál es tu realidad y de qué es lo que realmente te demandan tus hijos. En la maternidad hay varias reglas de oro y palabras mágicas, como «priorizar». También en las vacaciones hay que hacerlo. Priorizar y no morir en el intento de sacar adelante las vacaciones soñadas, porque se pueden convertir en una pesadilla.

El primer verano tras el nacimiento de Gabriela optamos por quedarnos en la Península, no coger vuelo y buscar un destino que nos permitiera desplazarnos en nuestro propio coche. Así lo hicimos. Hasta aquí perfecto, pero una vez en el hotel, nos costó entender los ritmos que marcaban los niños, porque en nuestra mentalidad de adultos estar de vacaciones es dejar de lado el reloj, saltarte los horarios, permitirte licencias que durante el resto del año restringes. Con niños, el horario, la agenda y tus licencias las marcan ellos. Nos costó asumirlo, y eso nos llevó a sentir cierta frustración durante los primeros días de vacaciones, llegando incluso a pronunciar el típico «Para esto estamos mejor en casa».

Los niños se duermen después de cenar cuando a ti, adulto, te apetece tomarte algo. Los niños quieren comer temprano cuando a ti, adulto, lo que te apetece es una caña con el aperitivo. Los niños, tras su siesta, quieren estar en la piscina a tope cuando para ti, adulto, el plan ideal es estar tumbado en la hamaca con el cerebro en *stand by* y no en una sobreexcitación de nadar, bucear, saltar por el tobogán, lanzar la pelota o jugar al pillapilla.

Cuando entendimos que la clave del éxito estaba en entender a nuestros hijos y sus horarios e intentar aprovechar al máximo posible los momentos de tranquilidad que nos dejaban —turnándonos y sacando ratos para nosotros mismos, algo fundamental—, empezamos a disfrutar de verdad de nuestras nuevas vacaciones en familia.

Es importante no culpar jamás a los niños de nuestras frustraciones. Ellos no son responsables de que nosotros idealicemos las vacaciones y luego la vida llegue con lo que —¡oh, sorpresa!— es la realidad. Es cuestión de organizarse en familia, en pareja y de forma individual. Priorizar, elegir y optar convencidos por lo que más nos apetece, hasta poco a poco ir trazando nuestro camino de equilibrio y conexión con los nuestros.

Cito a Séneca de nuevo para poner punto final a este capítulo, resaltando la importancia de analizarnos y tener muy claro lo que queremos para poder trabajar y luchar por ello:

«Si uno no sabe hacia qué puerto está navegando, ningún viento le es favorable».

Capítulo 8

DELEGAR, LA CLAVE DEL ÉXITO

En este capítulo vamos a intentar dar las claves para caminar hacia el equilibrio. La crianza no tiene que ser supervivencia: hay que vivirla y disfrutarla. Leyendo a los estoicos encontramos algunas de las herramientas que pueden ayudarnos a solventar con éxito cada una de las agotadoras rutinas diarias. Aquí os cuento algunas de las que a mí más me están ayudando, y con eficacia probada. Importante: abstenerse de entrar con la culpa a cuestas. ¡Aquí la culpa se queda fuera!

Los estoicos buscaban en su día a día una especie de equilibrio que les mantuviera en paz consigo mismos y con su entorno. En esencia, eso es lo que busco en mi día a día como madre. Por si a estas alturas del libro no ha quedado lo suficientemente claro, lo dejo escrito así de cristalino:

Ser madre o padre es seguramente la tarea más complicada a la que te vas a enfrentar en la vida. Trabajemos, pues, para facilitárnosla.

No me voy a andar con muchos rodeos: para mí una de las claves está en aprender a delegar, y hacerlo sin ningún remordimiento o cargo de conciencia. Con lo que no puedo dejar de hablar de la culpa (madres del mundo, seguro que os suena). Sentirnos culpables por irnos a trabajar, por querer dedicar unos minutos al día a entrenar, a arreglarnos o a tomar un café con las amigas.

Hay que aprender a descargar determinadas responsabilidades y hacerlo sin sentirnos mal por ello. Ser madre no es ser una esclava de la maternidad.

Esto hay que entrenarlo, y aquí hemos venido a jugar. Vamos a ello.

Soy de esas personas (y madres) a las que les gusta sobrevolar todo lo que les rodea. Me creo una especie de supervisora omnipresente y omnipotente, como si pensara (supongo que a veces lo he hecho) que el resto no va a ser capaz de hacer las cosas como las hago yo. Esto en la maternidad es una condena, porque la dependencia de los hijos para con la madre ya es suficientemente exigente como para que nosotras además nos autoimpongamos el gran reto de ser la persona de referencia y madre entregada y perfecta 24/7.

Me ha costado, pero he entendido que mis hijos van a estar perfectamente atendidos por otras personas que les van a cuidar, mimar, y proteger de maravilla. Os confieso que con mi primer hijo me costaba incluso delegar determinados cuidados en el propio padre de la criatura. Y los primeros días que el niño se quedó con mi madre llegué a llamarla cinco veces en cuatro horas, hasta el punto de que la pobre me dijo: «Mira, Lorena, si no te fías de mí, no vamos a sufrir más ni tu ni yo». Y no es que no me fiara, es que me sentía incapaz de soltar esa responsabilidad y me obsesionaba por imponer mi forma de cuidar.

Efectivamente, eso no era bueno para mí ni para la persona que estuviera a cargo del niño ni tampoco para el niño en sí. Y tuve que trabajarlo mucho. Ahora que lo tengo ya más que superado, os diré que aprender a delegar y a ser menos controladora como madre me ha ayudado a mejorar también en otras facetas de mi vida.

Para los estoicos, una de las bases del comportamiento era evitar como fuera el sufrimiento innecesario.

Y, desde luego, sufrir sin razón alguna por lo que supuestamente estará pasando en casa cuando el niño o niña esté en manos de su padre, abuelos o la persona de confianza que tengas de ayuda nos lo podemos ahorrar. Me ha costado, y aún hoy me queda algún resquicio de exceso de control, pero soy mucho más feliz desde que no sufro de más.

¿Cuánto sufrimiento nos ahorraríamos como madres si dejáramos la culpa atrás? ¿Por qué tenemos esa necesidad de cargarnos con todo un listado de responsabilidades? Y lo que es peor: ¿por qué tenemos que sentirnos culpables si las cosas no salen como deseamos o como creemos que tienen que salir?

Nuestros hijos nos necesitan, sí, y somos sin duda una de sus grandes figuras de referencia, pero no es saludable para nuestra mente y estado emocional cargar con una mochila llena de culpabilidad. Por el tiempo que no pasamos con nuestros hijos, por desear dedicarnos más tiempo a nosotras, a nuestras parejas, a hacer ejercicio o a escuchar el silencio. Yo me he llegado a sentir culpable por querer ducharme a solas, sin mis hijos de expectantes espectadores. Son innumerables las ocasiones en las que, como madres, nos debatimos entre desear con todas nuestras fuerzas tiempo en soledad y, a la vez, no querer perdernos ni un minuto de la vida de nuestros hijos.

La clave en esto siempre nos la van a dar ellos.

Si nuestros hijos son felices y están a gusto con la persona que les cuida, en la escuela infantil o en los campamentos de verano, evitaos el sufrimiento inútil y fomentar esa «ruptura» del cordón umbilical.

Cuesta un mundo al principio, cierto, pero acabaréis disfrutando de recuperar vuestra vida adulta si aprendéis a desengancharos un poco de la exigencia de los cuidados, la crianza y la maternidad.

Os dejo una idea de Marco Aurelio, uno de mis estoicos favoritos, que a mí me ha ayudado mucho para trabajar todo esto:

«Sé tolerante con los demás y estricto contigo mismo».

En mi caso, con ese ser «estricto contigo mismo» lo que intento es autoexigirme el mejorar mi confianza en quiénes me rodean y seguir gestionando con éxito mis esfuerzos por aprender a delegar, y mi manera de actuar en consecuencia. El trabajar la tolerancia con los demás es estoicismo puro. Pero es importante que en nuestra autocrítica seamos constructivos y muy conscientes de qué es lo que nos puede ayudar a seguir mejorando, aunque eso implique luchar contra nuestra propia forma de reaccionar ante determinadas situaciones.

Por ir al ejemplo concreto: os hablaba antes de cómo reaccioné el primer día que tuve que delegar el cuidado de mi primer hijo en mi madre, básicamente porque tanto el padre como yo trabajábamos y preferimos que durante los primeros meses el niño estuviera en casa con sus abuelos en vez de en una escuela infantil. Al principio fue durísimo. Le dejaba a mi madre una lista con explicaciones exhaustivas de cómo tenía que hacer las cosas..., le pautaba hasta cómo debía calentarle a Mario la comida. No conforme con eso, la llamaba por teléfono para repetirle la explicación y, además, llamaba varias veces para comprobar que todo iba según yo consideraba que tenía que ir. Si me decía algo que no encajaba en mis planes —como «Ya le estamos dando de comer» unos minutos antes de lo que yo consideraba que era la hora ideal—, se lo afeaba.

¿Adónde me llevaba todo esto? A una angustia total, a un sufrimiento (absurdo e innecesario) diario y a un choque constante con una de las personas que más quiero y que, sin duda, mejor va a cuidar a mis hijos porque los quiere con toda su alma.

Evidentemente fui consciente de que así no podía seguir y me dejé aconsejar por otras madres (¡ay, la red! Ya hablaremos de ella) que habían pasado por situaciones similares. Recuerdo el día en que una compañera de trabajo me dijo: «No puedes seguir así. Tu madre va a hacerlo todo de la mejor manera posible y va a darle al niño todo el amor del mundo. No la agobies más y deja de agobiarte tú. Intenta no llamarla en toda la mañana». Y así lo hice. Es muy importante que te abran los ojos, ya que desde fuera suelen verse mucho mejor las cosas. Poco a poco fui aumentando mi tolerancia, comprendiendo que mi hijo estaba en las mejores manos posibles y que su cuidado no consistía en seguir un estricto cuadrante, sino en confiar en que la persona que le está cuidando sabrá satisfacer sus demandas de la mejor manera posible y con todo el amor del mundo.

De este modo conseguí salir del bucle. Y ese aprender a delegar ayuda también a dejar atrás esa absurda culpa que las madres sentimos tan a menudo. Haced el razonamiento en frío, fijándoos, por ejemplo, no en vosotras mismas, sino en una amiga. ¿Qué hay de malo en tener que salir a trabajar? ¿A entrenar? ¿A divertirnos un rato con otros adultos fuera del círculo de teta, pañal, siesta, biberón?

Es obligado dedicarnos un rato a nosotros mismos como adultos para estar en la mejor forma a la hora de criar y educar.

Todo esto que aprendí con muchas noches de lágrimas me sigue sirviendo hoy para continuar la crianza de Mario y, por supuesto, también la de Gabriela. Hay un abismo entre lo que me supuso separarme por primera vez de él y el momento en el que lo hice de ella. ¿Qué es lo que había cambiado? Básicamente, yo misma. Mi forma de entender la maternidad y de valorar la importancia de aumentar la confianza en quienes te van a echar una mano en la crianza. Y la confianza y seguridad en ti misma.

Todo esto, además, es fundamental para ir sembrando el autocuidado y el cuidado de la pareja. Es un tema que merece capítulo aparte, y lo veremos enseguida, pero que tiene las raíces directamente en este punto.

De hecho, ese «ser tolerante» del que habla Marco Aurelio me lo tengo que exigir varias veces al día con mi compañero de vida. Desde que somos padres, las pequeñas diferencias en torno al cuidado, crianza y educación de nuestros hijos son el principal punto de fricción como pareja. Estoy trabajando también ese respeto por su forma de hacer y entender la paternidad. Es un padre maravilloso, y no se lo digo todo lo a menudo que debería. Es una suerte compartir con él este reto que, lejos de distanciarnos, debería unirnos más que nada.

Vuelvo a echar mano de Marco Aurelio para resaltar aquí otra de las máximas del estoicismo, una que tiene múltiples aplicaciones, y que me viene fenomenal en este punto: la felicidad de tu vida depende de la calidad de tu pensamiento.

«La felicidad consiste en poseer un buen espíritu y una recta razón.»[1]

¡Cuánta razón! ¡Y qué necesario aplicarlo siendo madre! Especialmente en los primeros meses de la maternidad nos resulta muy difícil romper el vínculo con el bebé, separarnos de él. Y al hilo de lo que comentábamos antes, no ayuda nada el generar una corriente de negatividad en torno al cuidado del niño por una perso-

1. Punto 17 del libro VII de *Pensamientos*.

na que no sea la madre. Las dudas, los miedos, las inseguridades y las desconfianzas no nos van a ayudar a una transición saludable para alcanzar esa «independencia» de nuestros pequeños.

El confiar los cuidados del niño y el cómo lo enfoquemos mentalmente es vital para llevar la maternidad de la mejor manera y poder sacarle todo el rendimiento posible.

Para cuidar tenemos que mimarnos y estar al cien por cien. Estar bien es, en parte, una actitud que se fortalece con la calidad de nuestros pensamientos. Y la llave que garantiza el equilibrio está en nuestro bolsillo.

Una de las herramientas que empleaban los estoicos para alcanzar sus objetivos era seguir modelos de comportamiento. Yo siempre defiendo, y lo he escrito varias veces en este libro, que cada mujer y cada maternidad es un mundo y que no debemos compararnos con nadie. No obstante, sí podemos fijarnos en comportamientos que nos ayuden a conocernos mejor y a crecer en nuestro papel como madres.

Seguro que todas tenéis entre vuestras amigas o conocidas alguna madre que gestiona las situaciones de forma brillante y no os importaría nada tener su carácter, su ingenio o su capacidad resolutiva. ¿Por qué no trabajarlo y adaptarlo para ver si a ti te sirve? No consiste en copiar, pero sí en emplearlo de ejemplo. En mi caso, tengo una amiga que por carácter tiene la capacidad de no agobiarse ante situaciones que para mí serían un auténtico drama. Cuando tengo que enfrentarme a una de esas situaciones complejas que a veces cuesta resolver, me gusta imaginarme cómo reaccionaría mi querida amiga Alicia en esa circunstancia. Ella es calmada, práctica y eficiente; intento seguir su ejemplo y ahí lo tienes. Pasar del caos al orden en la reacción. Lo he probado y, creedme, funciona.

Otra herramienta estoica es la reflexión, acompañada del balance diario. Es la mejor forma de evaluar cómo vamos avanzando en el entrenamiento. Dedicaos unos minutos cada noche a vosotras mismas, e incluso a hablar con vuestros niños. Beso de buenas noches acompañado de una petición de disculpa si en algún momento hemos perdido los nervios de forma injustificada, repitiéndoles a nuestros hijos lo muchísimo que los queremos y lo importantes que son en nuestra vida.

La rutina diaria es literalmente arrolladora, pero pensad en esa sensación de calma que envuelve todo en casa cuando los niños están felizmente dormidos, después de un beso de buenas noches y de dedicar unos segundos en familia a poner «en orden» el día. Autorregálate unos minutos para ti, para reflexionar en esa calma. El equilibrio es básico para recargar las baterías para el día siguiente.

En la maternidad nunca se aprende suficiente: cada día es un nuevo reto en sí mismo porque los niños cambian casi a diario, mucho más rápido de lo que les aumenta el número de pie. Tu equilibrio interior te ayudará a afrontar con energía cada etapa, rearmada para lo que está por venir, que seguro que es infinitamente más agotador y apasionante que lo que dejamos ayer atrás.

Capítulo 9

NUNCA DEJES DE CUIDARTE

Entre los riesgos de la maternidad está el de abandonarte. El de dejarte arrastrar por la vida infantil y perder tu identidad. La maternidad te «retira» de muchas cosas, pero, siguiendo la sabiduría de nuestros queridos estoicos, nada dura eternamente. Y volverá el tiempo libre para ti, la independencia a la hora de ir al baño, darte una ducha o leer un libro en la playa. Es importante que, sin perder eso de vista, trabajes para cuidarte en cada una de las etapas de la crianza. Cuidarte tú y cuidaros como pareja. De esto también vamos a hablar en este capítulo. Del tiempo compartido, del sexo y de cómo fortalecer la relación ante el terremoto que supone convertirse en padres.

A veces me he sorprendido a mí misma resolviendo puzles o montando construcciones de Lego mientras mis hijos juegan a mi alrededor. Es una maravillosa técnica de evasión, relaja y te permite aprovechar un ratito para ti mientras estás al mismo tiempo compartiendo espacio de juego con tus pequeños. Porque hay días en los que son incontables las veces en las que nuestros queridos descendientes repiten eso de: «Me aburro, no sé a qué jugar. ¿Puedes jugar conmigo?». Me gusta fomentar la independencia de mis hijos, y animarlos a desterrar la afirmación «Me aburro» teniendo en cuenta el arsenal de juguetes y entretenimientos que tienen a su alcance, pero debe de ser algo que viene predeterminado en el sistema operativo de los niños. Por ello, a veces, lo más inteligente es evitar iniciar una batalla perdida de antemano y, como hemos ido viendo a lo largo de las páginas de este libro, «ceder» para acabar ganando.

La capacidad demandante de nuestros hijos no tiene límites, y somos nosotros como padres quienes tenemos que ir marcando el camino, aunque siempre en equilibrio. En el día a día he ido aprendiendo que la mejor forma de que mis hijos entiendan lo importante que es para papá y mamá tener sus ratos de independencia para dedicarse a ellos mismos es compartiendo tiempo con ellos. Es la mejor lección. «¿A que a ti te gusta pasar tiempo jugando con papá y mamá, y también te gusta estar con tus amigos a tu aire cuando estamos en el parque? Pues a papá y mamá les pasa lo mismo. Nos gusta mucho estar con vosotros, pero también necesitamos tiempo para dedicarnos a nosotros mismos.»

Los niños funcionan mucho mejor con ejemplos concretos y con experiencias que ellos están acostumbrados a vivir en su día a día.

Por eso, ante su demanda de «quiero que papá y mamá jueguen conmigo», yo accedo, salvo que esté obviamente haciendo algo inaplazable. Y os aseguro que hay juegos infantiles que tienen la capacidad de regalarte momentos de paz mental, de poner el contador a cero y centrar el cien por cien de tu atención en avanzar en un puzle o en el montaje de una pieza determinada, como si el mundo a tu alrededor se parara, lo que a veces no está de más. Ganan nuestros hijos, porque nos tienen al lado, pero es importante que nosotros como padres valoremos también esos ratos de juego compartido por lo que suponen de positivo en nuestra relación filial. Asimismo, si los miramos desde el punto de vista más individualista, esos momentos también resultan necesarios porque nos permiten parar e ir por unos minutos al día al ritmo del juego infantil.

Al margen de eso, llega un momento en la maternidad en el que te crees abducida por todo lo que tiene que ver con teta, pañales, cereales, horas de sueño, visitas al pediatra... Para soportar los envites, aferraos con fuerza al concepto de transitoriedad con el que tanto juegan nuestros estoicos. Mientras tanto, a la espera de que todo pase, no caigáis en la trampa de abandonaros.

El autocuidado

Sé que cuesta —he pasado por ello dos veces—, sin embargo, hay que hacer un poder por arreglarse en el posparto. Por arañar como sea unos minutos en exclusividad para nosotras. Para asearnos con tranquilidad, darnos alguna crema, cuidarnos el pelo. (Sobre el pelo, hago un inciso: no penséis hacia el cuarto mes después de parir que no os va a quedar ni un pelo decente en la cabeza. Se os caerá a mechones, pero también esto pasará y recuperareis vuestro pelo de siempre pasados unos cuantos meses más.)

Tomaros el esfuerzo de sacar unos minutos para vosotras casi como un desafío estoico, y contagiarle esa rutina a vuestra pareja.

Empezad por cinco minutos e id subiendo. Estad alerta, porque aquí también surgirá la culpa: «Mi niña en casa y yo, mientras, dando un paseo sola». Muchas madres sienten auténtico terror de separarse de su recién nacido y les invade un profundo sentimiento de culpa por osar (entiéndase la ironía) regalarse un paseo de media hora, un café con amigas o una cena a solas con su pareja.

Ser madre no se debe concebir y vivir como si de un castigo autoimpuesto se tratara. Es una experiencia que te arrolla, te atropella, te colapsa, te cambia la vida..., pero que no te debe eclipsar. La mejor forma de disfrutar de esta etapa es oxigenándonos de vez en cuando. Es un poco como el deporte: hasta que coges la rutina cuesta exponerte al esfuerzo que supone, no obstante, una vez que terminas el entrenamiento eres consciente de lo bien que te sienta física y mentalmente y vas creando un hábito, relacionando el ejercicio con esa sensación de bienestar, hasta que se convierte en un plan más y más apetecible y no concibes vivir sin tu rutina deportiva.

Pues con el autocuidado en la maternidad pasa lo mismo. Hay que romper las barreras, las excusas, los miedos y grabarnos a fuego que nuestros hijos nos quieren felices, relajados, estables y con ganas de pasarlo bien a su lado. Y eso se consigue mejor si como adultos tenemos lo que podríamos definir como «nuestras necesidades» cubiertas, para, después, disfrutar y aprovechar al máximo el tiempo que tenemos con nuestros hijos. Aquí es donde toma protagonismo el concepto «tiempo de calidad». ¡Qué importante entenderlo! A mí me gusta ser una madre presente, pero ante todo quiero que el tiempo que pase con mis hijos sea un tiempo disfrutado, por ambas partes, sin móviles, distracciones, listas de tareas pendientes ocupando la mente o reproches del tipo: «Yo ahora debería estar entrenando / cenando con mis amigas / en el teatro, y no aquí encerrada en casa jugando con los niños».

El tiempo deseado es el más saboreado. Y esto nos enseña como nada a sentirnos inmensamente afortunados de tener lo que tenemos. Sin embargo, no olvidéis nunca que, para estar bien en casa, con los niños, con tu pareja, tienes que estar bien tú.

En ese autocuidado no solo tenéis que reivindicar el tiempo para hacer vuestros propios planes más allá de trabajo y obligaciones, sino también para regalaros tiempo de disfrute personal.

Se trata de un hábito que, tras ser madres, tenéis que retomar; no solo en el posparto, sino siempre. Cuanto antes tengáis claro, y dejéis claro, que el tiempo para vosotras es irrenunciable, mucho mejor para todos en casa.

Haceros un calendario de rutinas diarias con vuestros pequeños momentos de placer. Cuidado del pelo, de la piel; lectura de un buen libro, entrenamiento... Vosotras os conocéis mejor que nadie, sabéis como nadie lo que os gusta, lo que os da placer y os ayuda a cargar las baterías para estar al cien por cien cuando volváis a casa con los peques. No escatiméis. Id de menos a más, pero no dejéis pasar ni un solo día sin dedicaros unos minutos. A la hora de descartar tareas pendientes —porque entiendo que todos tenemos las agendas con las costuras a punto de reventar—, aseguraos de que vuestro tiempo sea siempre la prioridad, que nunca sea descartado. Podéis reducirlo en cantidad, de acuerdo, aunque nunca eliminarlo de la lista.

Rutina de autocuidado de Lorena:

Por si os ayuda, yo intento que cada día el momento de la ducha sea mi mínimo de placer. Darme una mascarilla en el pelo, ducharme con agua fría (es uno de mis retos estoicos preferidos), mi rutina de cremas en cuerpo y cara antes de dormir... Son diez minutos, pero diez minutos que intento saborear. Y, si es posible, antes de acostarme me reservo siempre un rato de relax que suelo dedicar a leer. En total, veinte minutos al día. No es nada, sin embargo, os aseguro que esos veinte minutos en exclusividad para mí me recargan las baterías y me ayudan a sentirme independiente y con la capacidad de tener el control de mi vida.

El deporte también juega un papel fundamental en mi rutina de autocuidado. Superando todos mis miedos, complejos y temores, he vuelto a correr. Antes de quedarme embarazada entrenaba entre tres y cuatro días a la semana, tenía un ritmo de carrera bastante bueno y disfrutaba con ir aumentando mis metas, pero lo dejé en el embarazo de Mario. Durante más de cuatro años llegué a pensar que nunca volvería a correr, hasta que un día —inspirándome en el estoicismo—

me di cuenta de que estaba en mi lista de tareas pendientes, y que, por lo tanto, era algo a lo que debía volver a enfrentarme. Y aquí estoy, sacando ahora mismo tiempo para un mínimo de dos días semanales de entrenamiento de carrera y sumando velocidad y distancia poco a poco.

Os invito a elaborar vuestra propia rutina de autocuidado. No lo dejéis para luego: este es el momento.

Rutina de autocuidado de...

Cuidado de la pareja

Si la maternidad te arrolla como mujer, ya te advierto que con la pareja literalmente ejerce de auténtica aniquiladora. Y solo vosotras, en íntima colaboración con vuestra pareja, sois capaces de evitarlo. No es fácil mantener momentos de intimidad con uno, dos, tres o más niños revoloteando a tu alrededor. Por no hablar de que el tiempo que te queda libre cuando consigues que estén relajados jugando, viendo una peli o (bendito momento) dormidos como angelitos en sus respectivas habitaciones, lo tienes que dedicar a poner en orden todo lo que ellos no te dejan hacer en su momento de máxima actividad... Y de sexo ni hablamos.

Todo esto hay que detectarlo y pararlo a tiempo para fomentar el tiempo de conexión de la pareja. Puede ser ver una serie o una peli o tomaros tranquilamente un té mirando las estrellas.

Pero tenéis que trabajar duro, de verdad, por vencer la rutina y la pereza diaria para seguir regando esa relación, y que la pasión no acabe muriendo de aburrimiento.

Uno de los primeros retos de la maternidad es volver al sexo después del parto. Con esa sensación y ese miedo escénico a que aquello te duela muchísimo, a tener molestias, sensaciones extrañas... Por no hablar de la falta absoluta de deseo sexual, totalmente inhibido por estar entregadas en cuerpo y alma a la criatura.

El mismo poder que os pedía antes para cuidaros hay que ponerlo ahora en marcha con el sexo. No os digo que haya que programarlo, pero es cierto que hay un momento en la crianza, especialmente para nosotras, en el que tendremos que buscar la motivación por donde sea. Hay que retomar el acto poco a poco, buscando una estrecha colaboración con la pareja, con mucho cariño y, si es necesario, dejándoos guiar o aconsejar por expertos. Lo ideal es no dilatar demasiado la vuelta a la conexión de la pareja porque, de verdad, cuanto antes derribéis ese muro, más fácil os resultará reconoceros en ese nuevo papel de padres y amantes.

Los hijos son, posiblemente, uno de los mayores desestabilizadores de parejas, uno de los mayores retos a los que tendremos que enfrentarnos. Aquí hace falta estoicismo puro de nuevo.

Escuchar mucho al otro, sin juzgar, intentar empatizar al máximo con las distintas visiones, tratando que esas diferencias en la crianza no supongan un abismo, sino un nuevo reto del que podáis salir aún más unidos y reforzados.

Por otro lado, es imprescindible fomentar planes de pareja. Es maravilloso salir a cenar, a comer, a pasar el fin de semana con los niños. En casa somos muy de planes conjuntos. Pero en algún momento os tenéis que «regalar» algún plan íntimo de pareja. Esto también es ese recuperar la vida adulta, que resulta fundamental para fortalecer la relación y reforzaros ante los posibles retos que como padres tendréis por delante.

La maternidad/paternidad nos puede enfrentar en determinados momentos a situaciones complejas o delicadas para las que es imprescindible acudir con la máxima conexión posible de pareja. Lo habitual es pensar en niños sanos, sin grandes contratiempos de salud, aunque es evidente que no siempre es así. Y ante un diagnóstico complicado, ante la necesidad de cuidados especiales, la fortaleza de la pareja se pondrá aún más a prueba y se someterá a grandes tensiones. Es imprescindible estar preparado para cualquier circunstancia de este tipo para, si llegara, contar con que la unión y el apoyo mutuo va a ser de gran ayuda.

Los estoicos se agarraban al *amor fati* del que ya hemos hablado. Entiendo que el «amor al destino» pueda parecer una exageración dicho así, pero en esencia viene a ser un camino para aprender a aceptar lo que el destino tenga preparado para nosotros, básicamente porque muchos de los sucesos que ocurren no los podemos cambiar. Esto es también necesario trabajarlo en pareja, ya que hay noticias o decisiones que se escuchan o adoptan mejor si es de la mano.

Por trabajo unas veces y por circunstancias de la vida otras, he podido conocer a parejas que han recibido el peor golpe posible como padres: el terrible diagnóstico de la enfermedad de un hijo o, lo que es peor, la muerte. Siempre he pensado que es algo que convierte a esos padres en especiales. No es resignación lo que irradian, al contrario: es una fuerza especial. En los casos concretos que conozco —son varios y por situaciones muy diferentes—, nace en ellos lo que los estoicos definían como *oikeiosis*, es decir, la capacidad de percibir algo como propio, como familiar o perteneciente a uno mismo. Esto permite, por ejemplo, acercar a los demás a uno mismo, aunque sean desconocidos, y ayudarles.

Compartir su experiencia, empatizar con ellos e intentar acompañarlos en su camino.

Es lo que se acaba traduciendo en un proceso asociativo de enfermos y familiares de determinada patología y que hacen un bien incalculable a la sociedad.

Compartir la experiencia les ayuda a encontrar en parte el consuelo de la pérdida o el equilibrio en el dolor. Aunque se trate de casos extremos, se observa una repetición del mismo deseo, algo que puede comprobarse cuando les preguntas: «¿por qué sigues en esta lucha?». La respuesta suele ser muy parecida: «Por dar sentido a la muerte de mi hijo», «Por ayudar a otras personas y evitar el posible fatal desenlace vivido en carne propia» o, directamente, «Por acompañar desde la experiencia en el inimaginable dolor de una mala noticia relacionada con nuestros hijos».

No descubro nada si os digo que mi mayor miedo, sin duda, es el sufrimiento de mis hijos, un diagnóstico médico irreversible o (duele hasta verbalizarlo) su muerte. Pues incluso para algo tan terrible tenemos que intentar estar rearmados, fuertes y unidos.

Para terminar con una sonrisa, os pido que penséis en lo que os hace sentir bien en un día de estrés maternal máximo. Y en lo mucho que ayuda estar bien rodeada, sentirse escuchada, comprendida... Íntimamente relacionado con lo que hemos contado en este capítulo sobre la importancia de cuidarse, de no descuidar nuestro yo adulto, nuestras relaciones, nuestros gustos, está la importancia de tener una malla fuerte que nos sostenga, que no nos deje caer. ¡Adelante! Bienvenidas a mi red.

Capítulo 10

SORORIDAD EN LA RED (Y EN LAS REDES) DE LA MATERNIDAD

Cualquier camino se hace mejor acompañada, y en los momentos donde la ruta se empieza a poner empinada, si es de la mano, mucho mejor. En la maternidad llegarán días y noches de extraña soledad. A veces he llegado a pensar que estamos programadas para no quejarnos, para no mostrar el dolor, para no reconocer que hay momentos en los que lo de ser madre no se parece en nada a lo que nos habían contado o a lo que, al menos, yo me había imaginado. Es entonces, más que nunca, cuando necesitarás sentirte acompañada, arropada, escuchada, comprendida y no juzgada.

Habrá instantes en los que tengas la sensación de estar cayendo al vacío. Y, en ese momento, necesitarás esa red fuerte que te pare y sujete justo a tiempo. Ese día en el que has discutido con tu pareja o te ha sentado mal el comentario de tu suegra, tu madre o la vecina del cuarto derecha. Porque todo el mundo se cree con derecho a opinar sobre tu maternidad. Y tú puedes ser muy estoica y estar muy preparada para intentar capear cualquier temporal y salir más o menos airosa, pero todos tenemos momentos complicados. De cansancio extremo, de sentirnos al límite, de no ver ese fin de todas las cosas, ese «Nada dura para siempre» o «Podría ser peor». Ni el principio de la transitoriedad ni el de la visualización negativa nos consuelan en instantes así. Pero ahí están ellas. Para escuchar sin juzgarte. Solo —y eso lo es todo— para apoyarte.

Siempre hay que tener a mano tu red, formada por ese grupo de fieles escuderas que te acompañarán en las noches en vela, en las dudas, en los miedos, en los enfados. Que no cuestionarán tu crianza. Tu vida. Tus decisiones. Tu lactancia prolongada.

Porque te quieren, respetan y apoyan. Y te escuchan en silencio hasta que te rompes, lloras, preguntas al aire y obtienes respuestas en un abrazo largo, fuerte y silencioso.

Porque muchas veces la mejor de las respuestas se encuentra precisamente ahí, en el silencio.

A mí, ser madre me ha completado como persona y como mujer, sin duda. Me ha hecho más poderosa, o por lo menos así me siento yo. El momento salvajemente animal del parto y la protección felina de nuestras crías me ha llevado a sentirme como una auténtica leona. Aunque mis hijos son al mismo tiempo mi talón de Aquiles. ¡Qué contradicción! O, quizá, no tanto...

Por ellos sería capaz de cualquier cosa, pero también ellos son mi mayor debilidad. Y sacan mi lado más frágil y vulnerable. No es fácil encontrar a otras mujeres que te apoyen, porque lo fácil es juzgar, opinar, valorar. En esencia, cuestionar a una madre que si en ese momento se muestra débil es porque está insegura, porque teme estar haciendo algo mal, porque nada le asusta más que tomar una mala decisión o hacer algo que pueda afectar negativamente a sus hijos, miedos que te convierten en una persona vulnerable.

Lo que necesitas en ese momento no es que te cuestionen, sino que te escuchen, te calmen y te equilibren, asegurándote que todo va a ir bien.

¿Y sabes por qué va a ir bien? Porque hagas lo que hagas y tomes la decisión que tomes, si lo haces por amor a tus hijos, lo harás con la mejor de tus intenciones. Al resto le tiene que dar igual si tú has decidido portear a tu bebé en vez de llevarlo en un carrito, darle el pecho sin plantearte cuándo acabarás destetándolo u optar por criarlo a biberón y obviar la lactancia materna. Matricularlo en una escuela infantil a los tres meses, apuntarle a clases de inglés y natación recién cumplidos los nueve o iros de viaje al otro lado del mundo.

Tú eres la madre y a la única persona a la que le incumben tus decisiones es al padre de la criatura. El resto debería ver, oír y callar. Pero no, ahí están los primos hermanos de los *opinatodo* que conocíamos en los primeros capítulos de este libro: llegan los *cuestionatodo*. Vamos a recrear algunas situaciones concretas, con sus correspondientes comentarios, para localizarlos a la primera.

❖ Sobre el porteo: «Todo el día con el niño ahí pegado, pero ¿va cómodo?». «Ya verás cuando te lo quieras quitar de encima...» «Luego querrás que duerma en la cuna.»

- Sobre la lactancia prolongada: «Eso ya es vicio». «Pero ¿todavía le das teta?» [mirándote con la misma cara que si hubieran visto un marciano]. Y al niño o niña: «Tú ya eres muy mayor para estar con la teta, si tienes hasta dientes».
- Sobre la educación/formación de los hijos: «Pero si no sabe hablar español, ¡qué va a entender de inglés!». «¡Vais a estresar a los niños con tanta actividad!»
- Sobre los viajes: «¡Qué pereza viajar tan lejos con los niños, si no se van a enterar de nada!». «Estáis tirando el dinero, porque no se van a acordar ni de dónde han estado.»

Entre todo lo que me ha enseñado la maternidad, está el *NO JUZGAR A OTRAS MADRES*. Y lo pongo así, en mayúsculas, para que quede muy claro. Esto lo he aprendido a base de recibir en carne propia las críticas, cuestionamientos o miradas reprobatorias. Seguro que todos habéis visto alguna vez una escena de un niño llorando amargamente, de forma inconsolable, con sus padres cogiéndole en brazos, hablándole para intentar calmarle, cambiando de postura, intentando moverse de un lado a otro. Si están en un lugar público, decenas de ojos comienzan a clavarse en ellos. Quizá haya alguno que mire desde la solidaridad, intentando empatizar con esos padres, pero la mayoría están pensando que deberían irse de allí, que son unos incapaces por no controlar el llanto de su propio hijo o que directamente el niño les está chuleando porque les tiene tomada la medida. Yo a este fenómeno le llamo, por experiencia propia, «echar los dientes en Chinchón».

¿A qué me refiero con esto? A la sensación que tuvimos nosotros una bonita tarde otoñal con Gabriela, quien estaba echando cuatro colmillos y una muela con un llanto inconsolable a una media de cincuenta minutos por hora. La situación en casa era insostenible: habíamos llegado a un punto en el que ya no nos aguantábamos los unos a los otros después de varias noches sin dormir. Gabriela estaba malita del esfuerzo de echar las muelas y los colmillos —lo que tiene que doler mucho—; Mario, celoso por la atención de más a su hermana, y nosotros, agotados, por lo que decidimos ir a pasar la tarde a Chinchón, a ver si el paseo nos aireaba el mal rato.

Fue llegar a la histórica plaza chinchonense y Gabriela empezó a llorar y a chillar por lo mucho que —creemos— le dolía la boca. Era inconsolable. Ni en brazos ni en el carrito ni con la siempre balsámica teta. Acabamos subiéndonos al tren turístico con la esperanza de que el movimiento la distrajera, pero los cinco minutos hasta que el vehículo arrancó nos parecieron interminables. El lugar estaba lleno de familias, la mayoría con niños. ¿Empatía? Cero. Todas las miradas clavadas en nosotros cuatro, que nos acomodamos en el último vagón con la esperanza de que si Gabriela seguía con la llantina, molestáramos menos. Nadie nos dijo nada, solo faltaba, aunque las miradas del tipo «Estos nos van a dar el viaje» lo decían todo. Gabriela se acabó calmando y tuvimos un paseo en tren por la localidad bastante agradable, sin embargo, mi sensación fue de tristeza por lo que me hicieron sentir esas miradas escrutadoras.

Evidentemente me hicieron plantearme si había sido buena idea haber ido hasta allí, si estaría fallando en algo por no ser capaz de calmar a mi niña, si debería haberme bajado con la pequeña del tren... Después me rearmé y me quedé con una enseñanza positiva de todo aquello. Porque practicamos el estoicismo al cien por cien.

Dejé de darle importancia a lo que pensaran los que nos miraban y me centré en seguir calmando a mi niña, sin ponerme nerviosa, evitando transmitirle a ella esos nervios añadidos que me suponían los gestos de desaprobación de quienes nos rodeaban.

Acabamos hasta riéndonos (y ya veis que incluso encontrando inspiración para esta parte del libro). Lo tenía muy claro previamente, pero desde ese día soy aún más consciente con motivo: hay que evitar juzgar, mal pensar o desaprobar las conductas de otros padres en situaciones críticas, como el llanto inconsolable de un bebé, porque no tenemos ni idea de las circunstancias ni del seguramente esfuerzo ímprobo que hacen por intentar calmarle.

El título de este capítulo habla de sororidad. Me gusta mucho el concepto, y el entramado de empatía que se genera entre las mujeres que nos acompañamos, respaldamos y fortalecemos unidas. Los estoicos insistían mucho en el bienestar que generaba el vivir en armonía con el entorno y con las personas con las que nos relacionamos. Esa relación entre mujeres —de cuidarnos entre nosotras, respetarnos y ayudarnos a crecer sin envidias ni resquemores, sino de forma sana— es absolutamente liberadora y una inmensa fuente de crecimiento personal y empoderamiento.

La maternidad me ha acercado mucho más a la figura de la mujer y me ha ayudado a ser mucho más empática, comprensiva y defensora de lo que somos y podemos llegar a ser capaces las mujeres. Nada ni nadie está capacitado para ponernos límites, tampoco nosotras mismas. En el camino de la maternidad me he encontrado y reencontrado con mujeres extraordinarias. Muchas de ellas son amigas, algunas conocidas y otras mujeres a las que posiblemente no vuelva a ver después de aquel encuentro en la sala de espera del pediatra, las urgencias del hospital o el banco del parque. Pero a todas me ha unido, y lo sigue haciendo, una conexión invisible de sano compadreo, de entendernos con mirarnos. Porque hay un momento en el que todas buscamos lo mismo: comprensión y ser escuchadas por quien mejor nos puede entender, quien está sintiendo lo mismo.

Creo que ellas estarán de acuerdo. Si os hablo de mi red, de mis amigas más cercanas —a quienes, aun así, no veo ni mucho menos todas las semanas ni siquiera todos los meses—, os diré que tienen el poder curador de la escucha, el bálsamo de la risa y la respuesta inmediata a una llamada de emergencia.

Con nuestras diferencias, que son muchas,
los beneficios de tenernos son infinitos.

La maternidad, ya lo he dicho, me ha convertido en una mujer mucho más sensible a las dificultades, miedos o problemas que puedan tener otras mujeres, incluso a las que no conozco, y aquí abro el importante capítulo de las redes sociales. Soy fiel defensora de ellas y creo sinceramente que son muy positivas, pero también me aterra el odio que se vierte en ese espacio de forma indiscriminada. Cualquiera que muestre un mínimo de su vida en ellas se ve expuesto a todo tipo de juicios y críticas, y cuanto más conocida es la persona, mayor es el escarnio que sufre. Hay casos muy concretos de mujeres muy conocidas a las que, tras convertirse en madres, se les juzga y cuestiona por todo. Por supuesto que hay gente que escribe comentarios con cariño, que se queda con lo positivo, pero el odio hace más ruido y el dolor que causa resulta mucho más profundo que la estela que deja el elogio.

Una mujer en el posparto es una mujer vulnerable, y atacarla de forma privada o pública por su forma de mostrar la maternidad, por cómo lleva la crianza o por su físico es un ejercicio de ruindad sin límites.

Recuerdo un comentario que recibí en mis redes al poco de reincorporarme al trabajo tras tener a mi hijo Mario. Un seguidor y espectador del informativo que dirigía y presentaba en ese momento cuestionó que no apareciera de cuerpo entero en pantalla durante el programa, suponiendo que el cuerpo se me había «quedado mal tras ser madre». No tuve problema alguno en contestarle. Yo pude defenderme públicamente de su cuestionamiento porque mi autoestima en ese momento era alta —no tenía ningún problema por cómo me encontraba físicamente— y porque, además, su comentario no tenía razón de ser. Quise responder no por mí, sino por las mujeres que reciben ese tipo de comentarios y a las que sí les puede afectar y hacer sentir mal.

Desde luego, no es lo peor que se puede leer en redes: hay auténticas barbaridades, algunas de ellas escritas desde el anonimato de perfiles con nombres absurdos y fotos aleatorias. Y no siempre son hombres. Si antes os hablaba con pasión de la sororidad, también está el concepto que aúna todo lo contrario: esas mujeres que disfrutan con criticar e incluso ver tropezar y caer a otras.

Es necesario dejarse querer, arropar y rodearse de quien te mima y protege cuando tu estado anímico te hace bajar la guardia. En la maternidad, queridas, tendremos muchos días en los que nos pesarán las noches sin dormir, el sobrexceso de tareas, el ser consciente de que es imposible llegar a todo. Y esa necesidad que tenemos las mujeres de creernos invencibles y con superpoderes... Debemos permitirnos no llegar, permitirnos lo que a veces entendemos por fallar (y que muchas veces, realmente, es ser realista en los objetivos).

Tenemos que ser más libres de presiones,
soltar el ancla y pedir ayuda.

En forma de charla, de un paseo por el campo, de un vino con amigas o de una tarde de relax para ti.

En palabras de Epícteto:

«¿Cuánto más vas a esperar para exigir lo que es mejor para ti?».

No lo dejéis para mañana: este es nuestro momento. Cread esa red, cuidadla y sed también parte de las redes de otras mujeres.

CAPÍTULO II

RUTINAS ESTOICAS

Llegados a estas alturas del libro, creo que todos tenemos ya una idea muy clara de qué es el estoicismo y de cómo podemos aplicarlo a la maternidad. Pero, para ayudaros un poco más, voy a enumerar a continuación las que son algunas de mis rutinas estoicas básicas. Ya no solo como madre: me ayudan, además, en mi crecimiento y evolución como persona. Cada una tenemos nuestra propia circunstancia y no se trata de copiar, sino de que os sirva de ejemplo y, sobre todo, de ayuda al principio. Una especie de guía de la maternidad/paternidad estoica. Al final del capítulo os dejaré un listado en blanco para que os animéis a rellenarlo con vuestras propias rutinas.

- **Hacer ejercicio en ayunas.** Me encanta levantarme los fines de semana a salir a correr y, al volver a casa, darme una ducha de agua fría. Es activación pura y todo un chute de energía. Y un tres en uno de entrenamiento estoico. A mí me sirve para vencer la pereza y empezar el día con cierta sensación de deberes cumplidos.

- **Evitar enfadarme porque los niños no cumplan los planes deseables que tenemos como padres.** Aquí tiro mucho del «Podía ser peor». ¿Que mis hijos se levantan un domingo a las siete de la mañana? Podía ser peor: podrían sacarnos de la cama media hora antes.
- **Relativizar las «crisis» del día a día.** Seguro que ninguna es tan importante ni merece tanto la pena como para que acabemos perdiendo los nervios. Volvemos al «Podría ser peor».
- **Recordar que nada dura para siempre.** Esto te lo repetirás unas cuantas veces a lo largo de semanas complicadas, incluso unas cuantas veces a lo largo de cada día. Pero es la verdad más verdadera. Los niños solo echan los dientes de leche una vez. Por muy mal que duerman, acabarán cogiendo las rutinas del sueño. Y olvídate de la extrema dependencia que tienen de la madre porque también se acabará (y me temo que soy de las que acabará echándolo mucho de menos, a pesar del agotamiento actual).
- **Evitar la preocupación futura.** No nos lleva a ningún sitio, aparte de a perder un montón de energía de forma innecesaria. Los problemas se afrontan cuando llegan, si es que lo hacen. Esfuérzate más en trabajar tu respuesta a las posibles dificultades.
- **Analizar diariamente nuestra respuesta a determinadas situaciones complicadas durante la jornada, y hacerlo con los niños.** Me encanta sentarme en la cama con ellos minutos antes de dormir y preguntarles si están felices y si todo ha ido bien para ellos. Ayuda a encajar las piezas. Si ha habido alguna situación complicada, es importante analizarla

en familia. No olvides decirles lo mucho que los quieres para que su último recuerdo del día sea el mejor posible.

- **Disfrutar del presente.** Cada momento es único y, si lo dejamos pasar, no va a volver. La verdad es que ser madre es una tarea vitalicia y agotadora, pero mi mayor deseo es disfrutar del presente. Gabriela y Mario solo tendrán un año y cuatro, como ocurre en el momento en el que escribo estas líneas, una vez en la vida. El tiempo con los niños no es únicamente que se pase rápido, sino que, encima, es único: por eso hay que aprovecharlo al límite.
- **Cuidar nuestro yo adulto.** Y disfrutar como tal, que no solo de parques infantiles, parques de bolas y bloques de construcciones vive el hombre.
- **Evitar ser excesivamente dura contigo misma.** Las madres llevamos la culpa a cuestas, pero es una carga que, poco a poco, debemos aprender a soltar. Los estoicos básicamente se entrenaban con el propósito de vivir en armonía, en un estado de bienestar interior conseguido, en parte, por el equilibrio que da el estar en paz con nosotros y con nuestro entorno. Es importante que nos queramos más, nos cuidemos y respetemos, especialmente en nuestra faceta de madres. Querer hacerlo lo mejor posible no debería implicar tener que culparnos por aquello que no sale como nos hubiera gustado.
- **No dejarse llevar por las emociones.** Hay días agotadores, de no poder más, pero hay que evitar descargar nuestro cansancio, frustración o desgana en nuestros niños. Ellos no tienen la culpa de que queramos tener las agendas repletas de obligaciones y

responsabilidades. Si os gusta diseñar listas de tareas, no las hagáis para que les salten las costuras. Es imprescindible aprender a priorizar y saber qué es lo importante. Que los niños no sientan que ellos son una obligación, porque, de hecho, seguramente sean vuestro deseo más preciado. Hacédselo saber: que lo noten.

- **Aplicar respuestas dominadas por la razón y la lógica, no por los sentimientos.** Yo siempre digo que hay que hablar con la cabeza y no con las tripas. Si hace falta, sal a la calle, respira hondo y que se enfríen las emociones. Y no te sientas mal si tardas en aplicar este punto y el anterior, ya que son difíciles de llevar a cabo.
- **Trabajar la empatía con otros padres y, sobre todo, no juzgar.** La circunstancia de cada uno es un mundo. Vivimos en una sociedad escrutadora, muy crítica. No participemos en ese juego. Optemos mejor por la comprensión y el guiño cómplice de quien sabe que, en cualquier momento, puede verse en esa misma circunstancia.
- **Asumir que, por muy organizados que tengamos los planes, no depende de nosotros que acaben cumpliéndose.** Nada está totalmente garantizado. Entender esto es evitarnos un sufrimiento innecesario si las cosas no acaban saliendo como habíamos diseñado. Los estoicos no utilizaban la expresión «Si Dios quiere», pero en esencia vendría a ser lo mismo. Si mentalmente empezamos a añadir esa coletilla a todos nuestros planes, será una clara aceptación de que en la vida no siempre somos nosotros los que llevamos el volante.

TU LISTA DE RUTINAS ESTOICAS:

Capítulo 12

EL LEGADO ESTOICO

Quizá uno de los mayores retos de la maternidad estoica sea el tener la capacidad de trasladar a nuestros hijos esos valores que han sobrevivido miles de años, que han superado épocas históricas, guerras, hambrunas, hasta caídas de grandes imperios que vieron florecer esta filosofía. No hay nada que aporte más seguridad a nuestros hijos que nuestro cariño, que nuestro abrazo.

Conociendo, trabajando y entrenando el estoicismo, soy una convencida de que el mejor legado que les podemos dejar también es hacer de ellos unos futuros adultos resilientes.

Que reconozcan a la legua y huyan de la frustración. Que se sientan fuertes y poderosos porque tengan la llave para gestionar y controlar su respuesta a situaciones límite. No tendremos pequeños estoicos de forma inmediata, pero todo se aprende. Es en nosotros en quienes deben tener el mejor espejo en el que mirarse.

Huir de la inmediatez

La paciencia se trabaja. Y a nuestros hijos se les tiene que educar en que no todo es inmediato y que no siempre las cosas van a salir cuándo y cómo ellos quieran, empezando porque hay muchas circunstancias o situaciones en la vida que escapan totalmente a nuestro control. Nuestros hijos tienen que entender que no todo está en su mano o en las manos de sus padres. Y tienen que estar preparados para esperar. No es el mundo el que tiene que avanzar a su ritmo, sino ellos los que tienen que adaptarse al ritmo que marca todo lo que les rodea.

Aumentar la tolerancia a la frustración

¡Qué difícil esto en un mundo en que se tiene de todo e intentamos que nuestros hijos vean satisfechos sus deseos! Pero, creedme, no queráis sufrir por ver a vuestros hijos con una incapacidad real de asumir que a veces las cosas se tuercen, o directamente verlos sufrir porque no tienen las herramientas necesarias para gestionar el error. A los niños, desde bien pequeños, hay que enseñarles a controlar sus emociones y su respuesta al no.

Para ilustrar este punto, os contaré una anécdota reciente con mi hijo Mario. Fuimos de visita a un parque natural donde, según nos explicó la guía, viven veinte osos en semilibertad. La experiencia desde el minuto uno consistía en generar unas altas expectativas sobre el broche de oro: que la ruta por el parque finalizaría en la zona de los osos. ¿Qué idea se formó en la mente de mi hijo a sus cuatro años? Se imaginó directamente rodeado de osos, viéndolos jugar, comer, dormir... ¿La realidad? Cuando llegamos a la zona, vimos a dos osos jóvenes, juguetones y que se dejaron ver fácilmente..., pero para Mario fue insuficiente. De vuelta, estaba muy callado. Le pregunté: «¿Qué te ha parecido la visita?». Y me lo resumió todo en un: «Yo quería ver a Musgo [un oso adulto carismático del parque]. Dos osos son muy pocos».

Me dio una pena terrible que se quedara con esa sensación después de todo un día de diversión y aventuras en familia. Mario estaba frustrado porque los osos no habían cubierto sus expectativas y lo había reducido a un «todo mal», cuando en realidad habíamos pasado un día superdivertido.

Tuve que tirar de estoicismo y recordarle que no todo depende de nosotros.

Le expliqué que los osos viven libremente por el monte, y que ya era una suerte haber podido observar a dos tan cerca. Además le hice ver que no podía quedarse con una sensación mala de un día tan bueno, recordándole cada uno de los momentos maravillosos que pasamos.

Doble lección estoica. Las cosas que van a pasar se escapan a nuestro control y eso hay que asumirlo con el mejor talante posible y estar preparados para lo que venga. La frustración por no cumplir las expectativas no lleva a ningún sitio.

Los niños entienden mucho mejor de lo que creemos los conceptos, y los entienden a la perfección si se les explica con paciencia. Así que no dudéis en explicarle qué es la frustración y cómo les afecta.

El esfuerzo y salir de la zona de confort

No vamos a llegar al punto de dar a nuestros hijos duchas de agua fría o invitarles a dormir en el suelo para que sean conscientes de lo afortunados que son, pero sí podemos motivarles para que se esfuercen en lo que más les cuesta y superen sus propias barreras. Uno de los mejores entrenamientos estoicos es intentar ir tachando de una lista lo que nos resulta más desagradable o complejo. Ayudarles a superar sus miedos, invitarles a salir de la zona de confort, y todo ello sin soltarles de la mano, debe ser uno de nuestros grandes retos. No podemos pretender que nuestros hijos lo hagan todo bien, no obstante, sí tenemos que intentar que su pereza, su temor, su preocupación o su vergüenza no les supongan un límite.

Entrenar respuestas y habilidades sociales huyendo del enfrentamiento

Es importantísimo educar a nuestros hijos en el respeto a los demás, pero también en gestionar su respuesta cuando los demás les faltan el respeto a ellos.

Hay que hacer de nuestros pequeños futuros adultos fuertes, seguros de sí mismos y de sus valores.

Vamos con otra anécdota. Nosotros en casa cuidamos bastante la alimentación. Huimos de dulces, grasas y aquellos alimentos que consideramos que tienen nulo aporte nutricional para nuestro cuerpo. Evidentemente educamos a nuestros hijos en estos hábitos alimenticios y predicamos con el ejemplo con una vida lo más saludable posible, tanto en la dieta como en la práctica de ejercicio. Con Mario hasta ahora ha sido fácil porque en casa hay cero tentaciones, pero no todos los amigos tienen los mismos hábitos. Hace unos días llegó a casa contando esta historia: «Mamá, hoy estoy triste porque [nombre del niño] me ha dicho que iba a traer piruletas al cole. Yo le he dicho que mi mamá no quería que comiera chucherías y me ha dicho que qué mamá más mala tengo. Y tú no eres mala, mamá». Se me partió el alma, evidentemente, aunque vi a Mario fuerte y seguro. Le ofendió que alguien llamara «mala» a su mamá, normal, pero le ofendió más porque consideró que estaba totalmente fuera de lógica, pues asumió que si a su mamá no le gusta que coma chuches es porque le preocupa su salud. En casa trabajamos mucho la importancia de cuidar nuestro cuerpo como uno de nuestros bienes más preciados.

Esta anécdota me sirvió para valorar su reacción ante «el ataque». Le señalé que había sido capaz de defender sus principios (y a su madre) sin enfrentarse al otro niño, y además me permitió insistirle en la importancia de respetar las reglas que tienen los demás. Nosotros en casa intentamos no tomar dulces, sin embargo, otros papás en sus casas tienen sus propias reglas y nosotros las respetamos.

Modelos de comportamiento

¡Ay, lo que nos preocupan a los padres las compañías! Hay cierta edad en la que los hijos parecen especialmente atraídos por el o la malota de la clase. En casa huimos del concepto de prohibición, y afortunadamente la edad de nuestros hijos todavía no nos tienta a llevarlo a cabo, pero sí fomentamos desde que son muy pequeñitos la importancia de que se fijen en los buenos comportamientos y no en los malos. Porque los niños son muy conscientes de qué es lo que está bien y qué es lo que está mal.

La confianza es esa conexión maravillosa con nuestros hijos, que hay que currársela, trabajársela durante años, pero que les equipará con la seguridad de contarnos lo que les preocupa, mientras que a nosotros nos permitirá abrir un canal de comunicación para hablarles y aconsejarles sobre lo más recomendable.

Y entre los consejos o recomendaciones estrella, algo tan sencillo como: «Fíjate en el que lo hace bien, no en el que lo hace mal». Que los niños son esponjas es una obviedad. Aprovechemos eso para que se empapen desde pequeños de los buenos modelos de comportamiento que les rodean y aprendan a descartar desde temprano los no tan correctos.

Epílogo

Llegados a este punto y aparte, tengo sentimientos encontrados. Por una parte, albergo la sensación de haber llegado a término en el embarazo y, por otra, de querer seguir acariciándome la barriga, en este caso en forma de libro. Ha sido un camino placentero, lleno de reflexión, porque plasmar ideas, conceptos y vivencias nace de un profundo ejercicio de autoconocimiento. Os decía al principio que dejo un poquito de mí entre estas páginas. Me quedo con que seguiré creciendo como madre, como mujer y como persona. Y, con la ayuda de los estoicos, seguiré siendo tan invencible como me crea.

Los estoicos no buscaban la aprobación de los demás, sino la de ellos mismos. Y en eso no debemos dejar nunca de trabajar.

No necesitamos el visto bueno de nuestras parejas, de nuestros padres, de nuestros superiores ni de nuestros amigos. Solo necesitamos la propia satisfacción personal para conquistar nuestra seguridad. Esa será siempre nuestra mayor conquista.

Hay que aprender a descartar, a dejar por el camino todo aquello que no está en nuestra mano resolver, todo aquello que nos absorbe de forma innecesaria la energía. La llave de la felicidada la tenemos nosotros mismos. Hay que trabajar el equilibrio interior, y dejarse fluir en la vida y en la maternidad.

Espero haberos podido ayudar. Si no, al menos deseo haberos despertado esa curiosidad de explorar vuestro yo estoico. Sed pacientes y perseverantes. Como decía Zenón, el bienestar es algo que se consigue mediante pequeños pasos, pero no es algo pequeño. ¡Mucho ánimo en el camino!